Almuth und Manfred Bartl

Schnelle Hilfen für Vertretungsstunden in der Grundschule

R. Oldenbourg Verlag München

PRÖGEL PRAXIS 143

© 1990 R. Oldenbourg Verlag GmbH, München

2. Auflage 1992

Herstellung: Fredi Grosser
Textzeichnungen: Fritz Schubotz, Kirchdorf
Satz, Druck und Bindung: Schneider Druck GmbH, Rothenburg ob der Tauber
Umschlaggestaltung: Mendell & Oberer, München

ISBN 3-486-**98592**-2

Inhaltsübersicht

Vorwort

Vertretungsstunden sind, zugegeben, wohl die anstrengendsten Stunden, die der Lehrer zu halten hat. Kein Wunder, daß sich niemand freut, wenn es am Morgen heißt: „Könnten Sie nicht in Ihrer Freistunde Herrn Müller in der 3a vertreten?" Lehrer mit mehreren Freistunden sind da besonders benachteiligt, weil fast immer, zumindest aber in den typischen Krankheitszeiten, zusätzliche Arbeit für sie anfällt. Was aber macht sie bei allen Betroffenen so unbeliebt, diese Vertretungsstunden?

Zum einen erfährt der Lehrer meist kurzfristig von seinem „Glück". Für eine Vorbereitung, ja selbst für eine Vorausinformation bleibt keine Zeit. So stolpert er also in eine Stunde, steht der Klasse, den neugierigen Blicken der unbekannten Schüler gegenüber und schüttelt aus, was er an Pädagogik, Didaktik und Methodik eben so im Ärmel hat. Die Schüler ihrerseits, vom Anblick des „Ersatzlehrers" in spannungsvolle Erwartung versetzt, probieren ihn natürlich aus: Wie weit kann man bei ihm gehen? Was steckt in ihm? Inwieweit ist er gegen „witzige" Einfälle, z. B. den Austausch der Namenkärtchen gewappnet?

Selbst in der Grundschule, die disziplinär selten Schwierigkeiten bereitet, kann der Lehrer auf Probleme stoßen, wenn er eingeübte Interaktionsformen und Arbeitsweisen des Klassenlehrers nicht kennt. Leicht kann da ein einziger Hefteintrag den Vertretungslehrer an die Grenze seiner Geduld bringen: „Wir lassen aber immer eine Zeile frei!" − „Wir unterstreichen die Überschriften aber zweimal!" − „Herr Müller liest aber viel langsamer!"

Dazu kommt in der oberen Grundschulstufe die durch Erfahrung kaum mehr ausrottbare Einstellung der Schüler, daß Vertretungsstunden nicht viel mit Unterricht zu tun haben und die Zeit höchstens mit Hausaufgabenschreiben und Spielen ausgefüllt wird.

Dabei ist es sowohl für Schüler als auch für Lehrer sehr wohl möglich, gerade in diesen Stunden Erfahrungen zu sammeln, die sonst beim eingefahrenen Unterricht nicht möglich sind. Der Lehrer sollte seine Chance darin sehen, frei und ohne fachlichen Druck mit der fremden Klasse (ggf. auch spielend) zu lernen. Er hat Gelegenheit, ihren Leistungsstand mit dem seiner eigenen Klasse zu vergleichen oder kann begutachten, wie bestimmte Lernstoffe, die er vielleicht gerade dort erarbeiten will, bereits zum Wissensstand der Schüler gehören und von ihnen selbständig angewandt werden. Vielleicht gibt es in der fremden Klasse bestimmte Arbeitstechniken, die er in der eigenen auch versuchen kann. Aber auch die Schüler erhalten durch den Vertretungslehrer eine Chance. Es passiert nicht selten, daß ein als „mathematikuntauglich" abgestempelter Schüler bei einem Vertretungslehrer, der ihm vorurteilsfrei gegenübersteht, neuen Mut faßt und ausgesprochen rege mitarbeitet.

Das vorliegende Buch soll allen Lehrern eine Hilfe sein, Vertretungsstunden gewinnbringend für beide Seiten auszufüllen. Die meisten Vorschläge sind sofort und ohne weitere Vorbereitung zu verwirklichen. Sie verknüpfen die Elemente des sorglosen Spielens mit anstehenden Lerninhalten. Die Stundenskizzen bzw. die entsprechenden Spiele sind aber auch im „normalen" Unterricht einsetzbar, z.B. in Phasen der Differenzierung, Individualisierung, als Auflockerung des Unterrichts und als Entspannung nach schwierigen Lerneinheiten. Sie sind in jedem Kapitel nach Anspruch der einzelnen Jahrgangsstufen geordnet. So finden Sie in allen Unterrichtsbereichen die Angebote für die erste Klasse stets an erster, die für die vierte an letzter Stelle.

Das *Kapitel „Spielebox"* nimmt in der Reihe der Vorschläge eine Sonderstellung ein. Hier sind solche Lernspiele beschrieben, die Lehrer oder Schüler selbst herstellen können, die in einer „Spielebox" aufbewahrt werden und dann für Vertretungsstunden bzw. andere Gelegenheiten wie z.B. Differenzierungsmaßnahmen zur Verfügung stehen. Ideal wäre es, wenn für jedes Schuljahr eine solche Sammlung bereitstehen würde. Damit könnte auch ein Lehrer einer anderen Jahrgangsstufe die Vertretungsstunde sofort sinnvoll nützen. Die Spielideen in diesem Kapitel beziehen sich alle auf grundlegende Lerninhalte wie z.B.: Einüben des Grundwortschatzes, Festigen der Grundrechenarten.

Auch das *Kapitel „Vertretungsstunden in der Vorweihnachtszeit"* stellt eine Besonderheit dar. Darin sind Ideen zusammengefaßt, die den Schülern in dieser Zeit Spaß bereiten und daneben Anregungen bieten, über das Geschehen in der Weihnachtszeit zu reflektieren. Gerade im Advent ist eine Vertretungsstunde oft eine positive Ergänzung und Bereicherung des Schulalltages.

Wir wünschen uns, daß dieses Buch vielen Kollegen eine Hilfe in den nicht immer einfachen Vertretungsstunden sein wird und auch die Schüler an unseren Vorschlägen Gefallen finden. Ganz herzlich bedanken wir uns bei allen Schülern, die mitgeholfen haben, die Spielideen zu entwickeln, und bei unserem Lektor *Georg Weigand,* der mit wertvollen Hilfen und Anregungen dieses Buch während seiner Entstehung beispielhaft betreut hat.

Schaftlach im Frühjahr 1990

Almuth und Manfred Bartl

Deutsche Sprache

Dem Alphabet entlang (2)

LZ: – Lesen und Erkennen der Struktur des Gedichts
– Suchen von Unterbegriffen nach vorgegebenen Sammelnamen
– Ordnen der Begriffe nach dem Alphabet

Einstieg: „Das Räuber-Abc" von *James Krüss*

Das Räuber-Abc

Als	Jackett,	Stahl
Bauer	Kam	Taler
Christoff	Leider	Und
Düwels-	Mit	Verschied'nes
Eck	'Ner	Weg.
Fünf	Ollen	X
Gulden	Pistol	Y
Hatte	Quintilius	Z!
Im	Räuberrabenstätt,	

(aus: „Mein Urgroßvater und ich". Oetinger Verlag, Hamburg 1961)

Besprechen des Gedichts
Erkennen des Besonderen daran: Jedes Wort beginnt mit einem anderen Buchstaben des Alphabets.

Wir ordnen unsere Vornamen
Der Lehrer schreibt das Alphabet untereinander an die Tafel. Die Schüler dürfen ihre Namen neben den jeweiligen Anfangsbuchstaben anschreiben.
Beispiel:

Anna, Andreas, Astrid	J	Stefan, Stefanie
Bettina	Korbinian	Timo, Tobias, Thomas
Catrin, Christian	Laura	Uwe
D	Maximilian	Veronika
E	N	W
Franz, Florian	O	Xaver
Gabriele	Philipp	Y
Hansi	Q	Z
Ilona	Reinhart	

Wir ergänzen die Namenreihe mit anderen Vornamen, z. B.
Doris, Evi, Johannes...

Stillarbeit: Wir suchen Tiere zu jedem Buchstaben.
Kontrolle: Schüler lesen vor
Wer weiß ein Tier mit J, Q, X, Y?

Wir suchen Eigenschaften und/oder Tätigkeiten
    arm, blöd, charmant, dick...
    arbeiten, bauen, cremen, dübeln...

Wir schreiben das „Schüler-Abc"
Die Schüler suchen nach Begriffen, Gegenständen aus der Schule und ordnen sie nach dem Alphabet.

Was ich von meinen Tanten zum Geburtstag bekam (2/3)

LZ: – Reimwörter finden
       – Auseinandersetzen mit einem Gedicht
       – Gestalten eines Gedichts
Die Schüler sollen erzählen, was sie zu ihrem letzten Geburtstag geschenkt
bekamen.

Tafelanschrift
    Was ich von meinen Tanten zum Geburtstag bekam
Sie sollen vermuten, was Tanten schenken.
Sie sollen Geschenke überlegen, deren Namen sich auf die der Tanten rei-
men.
Freie Schüleräußerungen
Gelenktes Gespräch: Was schenkten wohl die Tanten?

Tafelanschrift
        von Tante Wilhelmine –
        von Tante Grete –
        von Tante Adelheid –
        von Tante Beate –
        von Tante Liane –
        von Tante Isabell –
        von Tante Veronika –
        von Tante Emilie –
        von Tante Kunigunde –
   zuletzt von Tante Erika –
Impuls als *TA:* Von Tante Wilhelmine eine Mandarine
Erkenntnis: Die Geschenke reimen sich auf die Namen der Tanten.

Stillarbeit

Was schenkten die Tanten? Was reimt sich auf ihre Namen?

Einbringen der Ergebnisse. Schüler lesen vor, z. B.

    von Tante Wilhelmine   − eine Schreibmaschine

    von Tante Grete   − eine Machete

    von Tante Adelheid   − eine schöne Handarbeit

Tafelanschrift (Gedichttext):

    Was ich von meinen Tanten zum Geburtstag bekam

Von Tante Wilhelmine	− eine Mandarine,
von Tante Grete	− eine Trompete
von Tante Adelheid	− ein Sommerkleid,
von Tante Beate	− eine Tomate,
von Tanta Liane	− eine Banane,
von Tante Isabell	− ein weißes Bärenfell,
von Tante Veronika	− eine Harmonika,
von Tante Emilie	− eine Lilie,
von Tante Kunigunde	− zwei lustige Hunde,
zuletzt von Tante Erika	− eine Karte aus Amerika.
Tante Walburga, auf die sich nichts reimt,	
hat mein zerbrochenes Holzpferd geleimt.	*(Vera Ferra-Mikura)*

Stilles Lesen

Lautes, zeilenweise abwechselndes Lesen

„Auswendiglernen" des Gedichtes:

Jeder Schüler lernt eine Zeile, so daß das Gedicht von ca. 3 Schülergruppen
vollständig aufgesagt werden kann.

Anwendung

Wir schreiben ein ähnliches Gedicht. *Impuls (TA):*

    Was ich von meinen Onkeln zum Geburtstag bekam.

Erkenntnis: Wir wählen die Namen entsprechend den Geschenken aus, z. B.

    von Onkel Fred − ein Turngerät

    von Onkel Paul − einen Gaul

    von Onkel Dagobert − ein Schwert

Lese-Roulett (2–4)

LZ: Schulung der Lesefertigkeit

Wie spannend eine unvorbereitete Lesestunde werden kann, beweist das
Lese-Roulett. Am besten spielt man es in kleinen Klassen oder in Schülergruppen.

Nach dem ersten gemeinsamen Lesen eines Textes und der Sinnentnahme
geht's auch schon los. Jedes Kind gibt seinen persönlichen Einsatz an, indem

es sagt, wie viele Zeilen es mindestens fehlerlos lesen wird. Zur Sicherheit notiert es seinen Roulett-Einsatz auf einem Zettel. Schafft es ein Schüler, so viele Zeilen fehlerlos zu lesen wie er angegeben hat, so wird ihm die doppelte Punktezahl aufgeschrieben.

Sobald ein Kind einen Fehler macht, klopfen die aufmerksam mitlesenden Mitschüler auf ihren Tisch. Nun wird festgestellt, in welcher Zeile der Fehler vorkam. Die verbleibende Zeilenzahl wird dann diesem Spieler in Minuspunkten aufgeschrieben.

Beispiele:

Florians Einsatz: 8 Zeilen. − In der 5. Zeile macht er einen Fehler = 3 Zeilen fehlen zu seinem Einsatz = 3 Minuspunkte

Catrins Einsatz: 5 Zeilen. − Sie liest alle Zeilen fehlerlos = doppelter Einsatz als Gewinn = 10 Pluspunkte

Ein seltsames Gedicht (2–4)

LZ: − Erkennen der Struktur eines ungewöhnlichen Gedichts
     − Kritische Auseinandersetzung mit dem Gedicht
     − Schreiben eines Gedichts nach dieser Struktur

TA:

> Sch-o: Scho, K-o: Ko
> oko, schoko
> l-a: La
> ola, Kola, okola, Schokola
> d-e, de
> ade, lade, olade, kolade
> okolade, Schokolade.

Einstieg

Das Gedicht wird zeilenweise an die Tafel geschrieben. Die Schüler lesen und vermuten, wie es weitergeht. Ab der vierten Zeile haben einige Schüler schon erkannt, um welches Wort es sich handelt. Manche können sogar schon selbst weiterdichten.

Arbeitsschritte

1. Freie Schüleräußerungen
2. Aufbau des Gedichts: Einteilung des Wortes in Silben, buchstabenweises Aufbauen des Wortes
3. Gemeinsames Lesen des ganzen Gedichts
4. *Stillarbeit:* Ein solches Gedicht kannst du auch schreiben.
   Differenziertes Arbeiten: Gruppe A arbeitet selbständig; Gruppe B sucht gemeinsam nach geeigneten Wörtern für ein ähnliches Gedicht, z.B.: Banane, Ananas, Panama, Marzipan,... Schüler der Gruppe B schreiben ebenfalls ihre Gedichte
5. *Einbringen der Ergebnisse:* Schüler lesen ihre Gedichte vor
   Bewertung durch die Klasse:
6. Welche Worte eignen sich besonders gut?
7. Wie klingen diese Gedichte?
8. Was gefällt bzw. was gefällt nicht?

Der alte Großvater und der Enkel (2–4)

Wir zeichnen eine Bildergeschichte

LZ: – Lesen und Nacherzählen der Geschichte
  – Verstehen des Sinnes und Beschreiben der Gefühle der einzelnen Personen
  – Zeichnen der Geschichte als Bildergeschichte

Der alte Großvater und der Enkel

Es war einmal ein steinalter Mann, dem waren die Augen trüb geworden, die Ohren taub, und die Knie zitterten ihm. Wenn er nun bei Tische saß und den Löffel kaum halten konnte, schüttete er Suppe auf das Tischtuch, und es floß ihm auch etwas wieder aus dem Mund. Sein Sohn und dessen Frau ekelten sich davor, und deshalb mußte sich der alte Großvater endlich hinter den Ofen in die Ecke setzen. Sie gaben ihm sein Essen in ein irdenes Schüsselchen und noch dazu nicht einmal genug.
Da sah er betrübt nach dem Tisch, und die Augen wurden ihm naß. Einmal konnten seine zittrigen Hände das Schüsselchen nicht festhalten; es fiel zur Erde und zerbrach. Die junge Frau schalt; er sagte aber nichts und seufzte nur. Da kaufte sie ihm ein hölzernes Schüsselchen für ein paar Pfennige; daraus mußte er nun essen.
Wie sie da so sitzen, trägt der kleine Enkel von vier Jahren auf der Erde Brettlein zusammen. „Was machst du da?" fragte der Vater. „Ich mache ein Tröglein", antwortete das Kind, „daraus sollen Vater und Mutter essen, wenn ich groß bin." Da sahen sich Mann und Frau eine Weile an, fingen endlich an zu weinen, holten sofort den alten Großvater an den Tisch und ließen ihn von nun an immer mitessen. Sie sagten auch nichts, wenn er ein wenig verschüttete.

(Brüder Grimm)

15

Arbeitsschritte

1. Vorlesen der Geschichte

2. Freie Schüleräußerungen

3. Stilles Lesen der Geschichte (Arbeitsblatt als Kopiervorlage)
○ Unterstreiche alle Wörter, die du nicht ganz verstehst!
○ Die Personen in der Geschichte hatten unterschiedliche Gefühle.

○ Zeichne die Geschichte in sechs Bildern!

4. Nacherzählen

5. Sinnentnahme

6. Arbeitsteilige Gruppenarbeit
Welche Gefühle hatten die Personen?
    Gruppe 1: der Großvater
    Gruppe 2: die Eltern
    Gruppe 3: der Enkel
Vortragen der Ergebnisse

7. Szenische Darstellung
Wir spielen die Geschichte

8. Wir malen die Geschichte in Bildern
Wie viele Bilder sind notwendig, damit andere Kinder die Geschichte verstehen?

9. Wir malen die Geschichte in sechs Bildern.

Tico und die goldenen Flügel (3/4)
Leseübung

LZ: – Verstehen und Nacherzählen der Geschichte
– Flüssiges Lesen des Textes

Arbeitsschritte
1. Vorlesen der ganzen Geschichte
2. Nacherzählen
3. Sinnentnahme
4. Austeilen der Kopien: Abwechselndes Lesen der unterschiedlich gedruckten Textabschnitte
5. Wertung: Welche Schrift kann man flüssig, welche weniger gut lesen?

Tico und die goldenen Flügel

Vor vielen Jahren kannte ich einen kleinen Vogel, der hieß Tico. Er saß oft auf meiner Schulter und erzählte von Blumen und Farnen und von hohen Bäumen. Eines Tages erzählte mir Tico seine eigene Geschichte.
Ich weiß nicht, wie es kam, sagte er, aber als ich jung war, hatte ich keine Flügel.
Ich sang wie die anderen Vögel, ich hüpfte herum wie sie, aber ich konnte nicht fliegen.
Zum Glück hatte ich Freunde, die mich liebten. Sie flogen von Baum zu Baum und brachten mir abends Beeren und zarte Früchte von den höchsten Ästen.

Warum kann ich nicht fliegen wie die anderen Vögel? fragte ich mich oft. Warum kann ich nicht wie sie in den weiten Himmel aufsteigen über Dörfer und Baumwipfel? Und ich träumte von goldenen Flügeln, die stark genug waren, um mich fortzutragen bis über die schneebedeckten Berge.
Eines Nachts im Sommer weckte mich ein Geräusch in meiner Nähe. Ein seltsamer Vogel, so licht wie Perlen, stand hinter mir. Ich bin der Wunschvogel, sagte er. Hab einen Wunsch, er wird erfüllt. Ich dachte an meine Träume, und ich wünschte mir mit aller Kraft goldene Flügel. Da sah ich plötzlich ein Leuchten, und auf meinem Rücken waren Flügel, goldene Flügel, und sie schimmerten im Mondlicht. Der Wunschvogel war nicht mehr da.

17

Ich flog höher als der höchste Baum. Die Blumenbeete unter mir sahen aus wie Briefmarken, die bunt über das Land gestreut waren, und in den Wiesen lag der Fluß wie ein silbernes Band. Ich war glücklich und flog weit hinein in den Tag.

Aber als ich wieder aus der Höhe herabstieß, sahen meine Freunde mich finster an und sagten:

Du bildest dir wohl ein, besser zu sein mit diesen goldenen Flügeln!

Du willst anders sein als wir!

Und weg waren sie, ohne weiter mit mir zu sprechen.

Warum sind sie weggeflogen?

Warum ärgern sie sich über mich?

Ist es unrecht, anders zu sein?

Ich konnte fliegen so hoch wie ein Adler, ich hatte die herrlichsten Flügel der Welt. Aber meine Freunde hatten mich verlassen, und nun war ich sehr allein.

Und ●nes Tages sah ich ●nen Korbmacher. Er saß zwischen s●nen Körben vor s●ner Hütte, Tränen waren in s●nen Augen. Ich flog auf ●nen Zw●g, um mit ihm zu sprechen. Warum bist du traurig? fragte ich ihn.

Ach, du kl●ner Vogel, m●n Kind ist krank, und ich bin arm. Ich kann die Medizin nicht kaufen, um es gesund zu machen. Ich dachte nach, wie ich ihm helfen könnte. Und plötzlich wußte ich es: Ich will ihm ●ne Feder schenken. Wie kann ich dir danken, sagte der arme Mann voll Freude. Du hast m●nem Kind das Leben gerettet. Aber schau, d●n Flügel! Es war statt der goldenen Feder jetzt eine richtige Feder, schwarz und w●ch wie S●de.

Von diesem Tag an verschenkte ich, Stück für Stück, m●ne goldenen Federn, und schwarze Federn erschienen an ihrer Stelle.

Ich machte viele  :

drei  für den  . . .

ein  für eine alte  , um 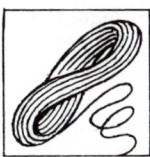 zu spinnen

für einen  . . .

einen  für einen  , der sich auf dem
verirrt hatte . . .

Und als ich meine letzten goldenen  einer sehr schönen

 gebracht hatte, waren meine  so schwarz wie

chinesische

19

Ich flog zu dem großen Baum, wo meine Freunde sich zur
Nacht niederließen. Würden sie mich begrüßen?
Sie zwitscherten vor Freude. Jetzt bist du wie wir, sagten sie.
Wir drängten uns eng aneinander. Aber ich war so glücklich
und aufgeregt, ich konnte nicht schlafen. Meine Gedanken
waren bei dem Sohn des Korbmachers, bei der alten Frau, bei
dem Puppenspieler und allen, denen ich mit meinen Federn
geholfen hatte. Nun sind meine Flügel schwarz, dachte ich, und
doch bin ich anders als meine Freunde. Wir unterscheiden uns
alle voneinander. Jeder hat seine eigenen Erinnerungen und
seine eigenen unsichtbaren goldenen Träume.

(Leo Leonni)

(aus: Tico und die goldenen Flügel. Gertrud Middelhauve Verlag, Köln)

Rechtschreiben

Buchstabenjagd für Erstkläßler (1)

LZ: – Einprägen und Sichern eines bestimmten Buchstabens
  – Schulung der Konzentration
  – Herauspicken eines bestimmten Buchstabens aus einem Buchstaben-
    gewimmel

Material: alte Zeitung (liegt vermutlich im Lehrerzimmer!)

Jeder Schüler bekommt ein kleines Stück einer Zeitungsseite, soll nach dem
zuletzt gelernten Buchstaben (z. B. K, k) suchen und ihn mit Rotstift durchstreichen oder einkreisen.
Zur Kontrolle übergeben die Schüler nach getaner Arbeit das Stück Zeitung
ihrem Nachbarn, der nun genau prüft, ob auch wirklich alle K und k angestri-
chen sind.

Reimen (1/2)
Übung zum Grundwortschatz

LZ: – Finden von Reimwörtern zu Wörtern aus dem Grundwortschatz

Einstieg (TA):

Schild   Ast
Nase   Buch
Last   Hund
Schwein   Blatt
matt   Bild   Hase
Tuch   Bein
wund

Wir suchen die Reimwörter und verbinden sie.

Übung 1: Stillarbeit

Wer findet die meisten Reimwörter zu diesen Wörtern? *TA:*

Ball	Sand
Hase	Vater
Haus	Kind
Mutter	finden
Ohr	laufen

Die Schüler schreiben auf den Block.

Kontrolle: Die Schüler lesen die gefundenen Wörter vor.
Die Reimwörter werden zu den jeweiligen Begriffen an die Tafel geschrieben. Rechtschriftliche Sicherung! Schüler ergänzen auf dem Block.

Übung 2: Wer findet die Reimwörter?

TA:	Tasse	sagen	Rachen
	Kl....	fr....	Dr.....
	M....	n....	l.....
	R....	schl....	w.....
	K....	......	S.....
			m.....

Kontrolle: Schüler lesen die Wörter vor. Ausfüllen der Lücken an der Tafel.

Luftwörter (1/2)

LZ: − Schulung der Aufmerksamkeit und Konzentration

− Einprägen der Schreibweise bestimmter Merkwörter

Der Lehrer steht vor der Klasse. Er schreibt langsam ein Wort, Buchstabe für Buchstabe (spiegelbildlich!) in die Luft.
Die Schüler notieren die Wörter auf dem Block. Nach jeweils drei Wörtern wird gestoppt und kontrolliert. Wer hat alle Luftwörter richtig gelesen und aufgeschrieben?
Anmerkung: Die Wörter sollten nicht mehr als vier Buchstaben haben. − Für das 1. Schuljahr eignen sich einfache Verbindungen von Buchstaben, z.B. Oma, Eva, Uwe, Opa, Ida, Leo...Rad, Ast, Hut, Tür, Hof, Zug, Weg...

Wörter aufbauen (1/2)

LZ: Bilden von Wörtern mit vorgegebenen Anfangsbuchstaben

Die Schüler spielen in Gruppen zu je 4–6 Kindern. Ein Spieler überlegt sich ein Wort, z.B. Flugzeug, und nennt den Anfangsbuchstaben, also „F". Jeder Mitspieler seiner Gruppe darf ein Wort mit „F" nennen. Ist das gesuchte Wort nicht dabei, gibt der erste Spieler den zweiten Buchstaben dazu, also „l". Wieder darf jeder Spieler ein Wort mit „Fl" nennen.
So wird Runde für Runde weitergespielt, bis das erwartete Wort erraten ist. Der Spieler, der es nennt, darf das nächste Wort-Rätsel aufgeben.

Beispiele:
F: Fuchs, Fahrrad, Frosch
Fl: Fliege, Flachs, Flasche
Flu: Fluß, Flugzeug, Flut

Kasperls Einkaufsliste (1–3)

LZ: Berichtigen der vorgegebenen Wörter zu sinnvollen Begriffen

O je, was ist da passiert? Der Kasperl hat seine Einkaufsliste fallen lassen und alle Selbstlaute sind durcheinandergeraten. Kannst du sie wieder ordnen?

22

> *Aunkefein*
>
> 2 Fleschan Lomi
>
> Bettur
>
> 1 Koli Korteffaln
>
> 1 Koli Tameton
>
> Schekalodo
>
> Gulbwerst
>
> Klapiepor
>
> 1 Tebe Sunf

Und das ist der Einkaufszettel von Onkel Jodok. Er liebt das „o" so sehr, daß er alle Wörter mit „o" schreibt:

Onkofon

zwo Floschon Bor	ocht Sommoln	Poddong
Solot	Zotronon	Koffoo
Nodoln	Zwoboln	Solz
Worst	ono Schochtol Prolonon	

„ä" mit Punkten (2/3)

LZ: Finden von Wörtern mit dem Umlaut „ä" und Eintragen in eine Tabelle

Jeder Schüler zeichnet auf den Block eine Tabelle:

1	2	3	4	5	6	7	8	9	10

Die Schüler suchen nun, jeder für sich, nach Wörtern, in denen ein „Ä" vorkommt, und notieren sie auf einem Blockblatt.

Die Lehrerin geht von Schüler zu Schüler und kontrolliert die geschriebenen Wörter. Sind sie fehlerfrei, dürfen sie in die Tabelle eingetragen werden, z. B.:

1	2	3	4	5	6	7	8	9	10
M	(ä)	r	c	h	e	n			
S	c	h	(ä)	f	e	r	i	n	

Hat jeder Schüler seine Tabelle mit „ä"-Wörtern ausgefüllt, wird die Wertung vorgenommen. Je nachdem, an welcher Stelle das „ä" im Wort vorkommt, notieren sich die Schüler die Punkte. In unserem Fall bekommt der Schüler für „Märchen" zwei Punkte (das „ä" steht an 2. Stelle), für „Schäferin" 4 Punkte (das „ä" steht an 4. Stelle). Zum Schluß errechnet jeder Schüler seine Gesamtpunktzahl. Wer die meisten Punkte hat, hat natürlich gewonnen.

Selbstverständlich kann diese Stunde auch mit anderen RS-Schwierigkeiten (ck, tz, doppelter Selbstlaut...) gestaltet werden.

Wörter mit Qu/qu (2–4)

LZ: Üben und Einprägen von Wörtern mit Qu/qu

Einstieg: Wörtersuchspiel

Partnerarbeit: Wer findet die meisten Wörter mit Qu/qu?

Kontrolle (mit begleitender Tafelanschrift): Partnergruppen lesen langsam die gefundenen Wörter vor. Die Mitschüler haken gleiche Wörter auf ihren Blättern ab und melden sich dann, um die Restwörter vorzulesen.

Kontrolle: Wer hat 4–10 Wörter gefunden? Schüler melden sich und lesen vor.

TA:

Wörter mit Qu/qu

Quarz, qualmen, quietschen

Quark, Quelle, Qual, quaken

Kaulquappen, Aquarium, quer

quetschen, Quaste, Quatsch

bequem, Quadrat

Impuls: O je — so ein Durcheinander! Schüler geben Ordnungsmöglichkeiten an, z.B.: Wörter mit Qu — Wörter mit qu.

Erarbeitung

● *Schüler ordnen die Wörter.* Jeder darf „sein" Wort auf den entsprechenden Tafelflügel eintragen. Schüler schreiben auf dem Block mit.

Wörter mit Qu	Wörter mit Qu/qu	Wörter mit qu
Quarz	Quarz, qualmen	qualmen
Quelle	quietschen, Quelle	quietschen
Quark	Kaulquappen, Quark	Kaulquappen

● *Farbiges Markieren von Qu und qu*

Erkenntnis: | Q und q stehen immer mit „u" |

TA: *Qu qu*

Eintragen des Merksatzes
- *Übung und Anwendung*
- *Silbenrätsel (TA):* Findest du die Wörter?

Quar   quap

     Quit   ten

Kaul   tett   Quar

quet   quem   schen

    tier   pe   be

Stillarbeit: Schüler notieren die zusammengesetzten Wörter auf dem Block: Quartier, quadratisch, Kaulquappe, quetschen, bequem, Quartett
Kontrolle: Schüler dürfen an der Tafel die passenden Silben durchstreichen und das gefundene Wort aufschreiben
- *Die Qu/qu-Geschichte* (ggf. Hausaufgabe)
Die Schüler sollen kurze Phantasie- oder Unsinngeschichten erfinden, in denen möglichst viele Wörter mit Qu/qu vorkommen. Überschriften: Die qualvolle Quartiersuche − Es qualmt im Aquarium − Der quietschende Quarkkuchen

Fehlerloses Abschreiben eines Tafeltextes (2–4)

LZ: Rechtschriftliche Sicherung eines Textes

Wie wenig selbstverständlich es ist, daß ein Tafeltext fehlerlos abgeschrieben wird, erkennt man nur allzuoft beim Durchsehen der Sachkundehefte. Eine Vertretungsstunde eignet sich vorzüglich, um das Abschreiben von der Tafel einzuüben.

Textbeispiel *(TA):*
Der Zitronenfalter überwintert im Fallaub als fertig entwickelter Schmetterling. Deshalb sehen wir ihn bereits im zeitigen Frühjahr. Die Männchen haben leuchtend gelbe, die Weibchen weißgelbe Flügel. Die Weibchen heften ihre Eier einzeln an die Zweigspitzen von Faulbaum oder Kreuzdorn.

Material: Heft, Block, Füller, Bleistift, Farbstift

Nach der inhaltlichen Klärung soll der Tafeltext ins Heft übertragen werden. Je nach Schuljahr werden 3–5 Sätze rechtschriftlich erarbeitet. Und so könnte man vorgehen:

Erster Satz

1. Die Schüler lesen den ganzen Text still für sich.
2. Ein Schüler liest den ersten Satz laut vor.
3. Die Schüler suchen die rechtschriftlich schwierigen Wörter heraus und unterstreichen sie an der Tafel.
4. Auf- und Abbauen der schwierigen Wörter auf dem Block
5. Gemeinsames Lesen des Satzes
6. Übertrag in das Heft
7. Selbstkorrektur durch jeden Schüler

Zweiter Satz

Punkt 1–3 wie oben
4. Wie heißt das längste (kürzeste) Wort im Satz? Schüler schreiben es auf den Block.
5. Das Wort-im-Wort-Spiel: Wer kann aus den Buchstaben des längsten Wortes möglichst viele neue Wörter bilden? *Beispiel* „zeitigen": Netz, Geiz, Ziege...
6. weiter wie Punkt 5–7 im ersten Satz

Dritter Satz

Punkt 1–3 wie oben
4. Wir suchen Reimwörter zu den Namenwörtern des Satzes. *Beispiel:* Männchen – Kännchen...
5. Die schwierigen Wörter werden als Wortrahmen auf den Block geschrieben.
6. Findet in zwei Minuten möglichst viele Wörter mit dem Anfangs- und dem Endbuchstaben von Flügel! *Beispiel:* Fibel, Fell, Fackel...
7. weiter wie Punkt 5–6 im ersten Satz
8. Partnerkorrektur mit Tafeltext

Abschluß

Jeweils vier Kinder lernen den Text auswendig: Brigitte lernt den ersten Satz, Thomas den zweiten...
Alle Kinder kommen zur Tafel und stellen sich mit dem Rücken zu ihr. Nun wird der ganze Text je nach Klassenstärke etwa 4- bis 6mal „auswendig" gesprochen.

Merktext „schlachten" (2–4)

LZ: Üben und Festigen der Merkwörter

Ein kurzer Text, z.B. der Nachschrifttext, wird auf Folie geschrieben und allen Kindern gezeigt. Nach dem Lesen wird er „geschlachtet". Dabei werden die Schüler in drei Gruppen – A, B und C – geteilt.
Ein Schüler der Gruppe A beginnt. Er formuliert nun einen beliebigen neuen Satz, in dem möglichst viele Wörter des Merktextes vorkommen. Diese Wörter werden mit einer bestimmten Gruppenfarbe (z.B. rot) unterstrichen. Dann werden die verwendeten Wörter gezählt und der Gruppe A als Pluspunkte an der Tafel gutgeschrieben. Jetzt ist die Gruppe B an der Reihe...
Gespielt wird, solange die Wörter reichen. Am Schluß werden die Pluspunkte jeder Gruppe zusammengezählt, und so wird die Siegergruppe ermittelt.

Wortketten (2–4)

LZ: Einprägen der Wortbilder

Jeder Schüler hat den gleichen Text (Nachschrift, Lesebuch...) vor sich liegen. Es genügt auch ein Text für zwei Kinder.
Ein Schüler beginnt. Er sucht ein beliebiges Wort aus, nennt es und sagt eine Zahl dazu, z.B. „Fenster – 3!" Nun suchen alle Kinder im Text nach einem Wort, das mit „n" (der 3. Buchstabe von Fenster) beginnt. Vera meldet sich zuerst und sagt „niedrig – 4." Jetzt suchen also alle Kinder nach einem Wort im Text, das mit „d" (dem 4. Buchstaben von „niedrig") beginnt. Wenn die Schüler schon ein bißchen an dieses Spiel gewöhnt sind, läuft es völlig von selbst und bringt die Kinder spielerisch dazu, jedes Wort analytisch zu betrachten und den Text immer wieder zu lesen.

Wörter-Versteckspiel (3/4)

LZ: – Genaues Betrachten der Wörter
      – Herausfinden von Begriffen entsprechend der Überschrift

Suchspiel

Tiere
Beule, Rente, abschaffen, Eigelb, Schwanzende, Lieselotte, Schund, schmausen, drehen, starten, Saal, Klaus, Lotterie

Zahlwörter
Klavier, Schlacht, Zweifel, helfen, einsilbig, Zweig, Auslandreise, Einsicht

Fürwörter

Schicht, verdunkeln, Ferkel, Sieb, Westen, Wirsing, Geduld, Kern, sieben, Esel, Dusche, Wirkung

Eigenschaftswörter

Schrot, Streich, streng, stauben, Reisig, Walter, drohen, Recht, Flaute, Waschlappen, neunzig, Steuer, streuen, Regal, Anstrengung, Grund, Ablauf

Schwierigkeiten würfeln (3/4)

LZ: Erkennen und Üben rechtschriftlicher Schwierigkeiten

Gemeinsam mit allen Schülern wird ein bestimmter Text (Nachschrift, Lesebuch...) nach rechtschriftlich schwierigen Wörtern untersucht. Gemeinsam werden sechs verschiedene Schwierigkeiten herausgesucht und an der Tafel notiert, z.B.:

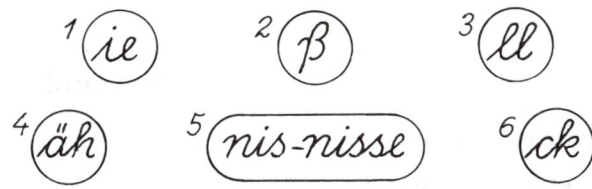

Zu jeder Schwierigkeit wird eine Zahl von 1–6 geschrieben.
Nun darf ein Schüler zur Tafel kommen und würfeln. Würfelt er beispielsweise eine Sechs, so muß er ein anderes Wort mit der entsprechenden RS-Schwierigkeit − in unserem Fall also mit „ck" − finden. Er sagt z.B.: „Wekker" und ruft, weil er die Aufgabe richtig gelöst hat, ein anderes Kind zur Tafel.
Wurde die Aufgabe nicht richtig gelöst, so verbessern die Mitschüler.

Wortsalat (3/4)

LZ: − Herausfinden und Aufschreiben der sinnvollen Wörter
　　　 − Bilden von Sätzen mit den gefundenen Wörtern

Wetzgerhesser	Letzgerfresser	Metzgermesser	Fetzgerdresser
Nahrungsmittel	Hahrungskittel	Bahrungsbrittel	Zahlungspickel
Klosternase	Obervase	Osterhase	Troberblase
Winselkiel	Windelpriel	Kinselspiel	Pinselstiel

Sargmeise	Quarkspeise	Starkreise	Parkkreise
Rocksaum	Bockdraum	Lockflaum	Stockdaum
Scherzkittel	Herzzittel	Kerztrittel	Schmerzmittel
Bringbrunnen	Trinksummen	Springbrunnen	Sinktunnen
Treppenloden	Teppichboden	Tippechsoden	Trippeltroden
blitzschnell	schlitzbell	sitzschnell	flitzhell
Hoktormut	Dortorhut	Doktorhut	Loktorbrut
Bummigall	Brummifall	Gummidrall	Gummiball
Pantoffelei	Stoffelblei	Kartoffelbrei	Kaltoffeldrei

Nach der gemeinsamen Kontrolle kann diese Sprachübung folgen: Die Schüler sollen Sätze bilden, in denen möglichst viele der sinnvollen Wörter vorkommen, z. B.

Der *Osterhase* rührt mit dem *Pinselstiel* in der *Quarkspeise*.
Meine Mutter verkürzte ihren *Rocksaum blitzschnell* mit dem *Metzgermesser*.

Sprachbetrachtung

Endsilben-Wettrennen (2/3)

LZ: — Möglichkeiten der Wortbildung
— Hervorheben von Lauten
— Trennen von Wörtern, silbenbetontes Sprechen

Gemeinsame Arbeit mit allen Schülern
TA:

Erkenntnis: Alle diese Verben haben die gleiche Endung.
Vorlesen der Verben: schieben, sterben, graben, kleben...
Sätze bilden mit diesen Verben, z. B.
Die Schüler graben den Schulgarten um.

Partnerarbeit

Wer findet die meisten Verben mit der Endsilbe -gen und der Endsilbe -ten.

Kontrolle (TA):

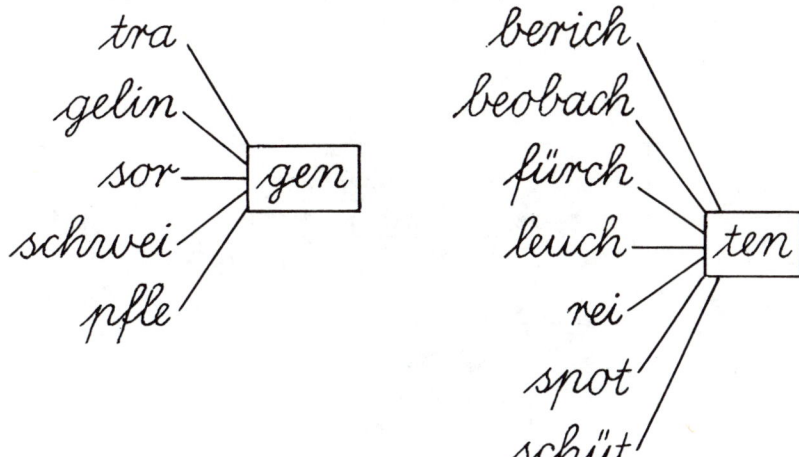

Differenzierende Stillarbeit

Die guten Schüler (Gruppe A) arbeiten allein. Wer findet die meisten Verben mit den Endsilben -ken und -ren ?

Die schwachen Schüler (Gruppe B) arbeiten an der Tafel. Die Anfangsbuchstaben werden vorgegeben, die fehlenden Buchstaben durch Punkte angezeigt.

TA: p..
sch..   f..
bl..   -ken   fü.
t..   r..   -ren
s..   sp.
w..   st.

Die Schüler tragen abwechselnd die fehlenden Buchstaben ein. Daneben werden die Wörter noch einmal im Ganzen geschrieben; also: parken, schenken, blinken...

Kontrolle: Gruppe A vergleicht mit der Tafelanschrift. Wer hat darüber hinaus noch weitere Wörter gefunden? Wer hat die meisten Wörter gefunden?

Stillarbeit bzw. Hausaufgabe

Suche möglichst viele Verben mit den Endsilben

 -hen   -den und -cken

Die verrostete Anna (2–4)

LZ: – Kenntnis der Wortarten und ihrer Aufgaben
– Eigenschaftswörter sollen passend Person bzw. Sache zugeordnet
werden

Tafelbild:

Wir ordnen
Eigenschaftswörter
nach Personen und Sachen

lustig, geräumig, teuer,
geizig, gesund, bequem,
verrostet, fromm, wendig,
launisch, verbeult, frech,
neu, neugierig,
sauber, kaputt

Arbeitsschritte

1. Die Eigenschaftswörter werden vorgelesen.
2. Jedes Eigenschaftswort wird genau beurteilt, ob es zur Sache (Auto) oder
zur Person (Mädchen) paßt.
3. Die Eigenschaftswörter werden unterstrichen: sachbezogene blau, perso-
nenbezogene rot.
4. *Stillarbeit bei verdeckter Tafel:* Die Schüler sollen mindestens 5 Eigenschaftswörter zum Auto und 5 zur Person auf dem Block notieren. Wer findet die meisten?
5. *Kontrolle:* Die gefundenen Eigenschaftswörter werden geordnet und an
der Tafel unter das jeweilige Symbol geschrieben. Die Schüler vervollständi-
gen auf dem Block.
6. Rechtschriftliche Sicherung
7. *Partnerarbeit:* Wir suchen passende Eigenschaftswörter zu „Haus" und
„Hund".

Sammelnamen (2–4)

LZ: – Finden von Oberbegriffen zu vorgegebenen Unterbegriffen
– Finden von Unterbegriffen

Einstieg

Möglichkeit 1:
Die Lehrerin beschafft sich vor der Stunde einen Werkzeugkasten aus dem Werkraum und einen gefüllten Besteckkorb aus der Schulküche. Der Inhalt beider Behälter wird auf ein Tuch durcheinander geschüttet.
Impuls: So eine Unordnung! Kinder, helft mir, die Dinge zu sortieren!
Die Schüler sortieren die Werkzeuge in den Werkzeugkasten, das Besteck in den Besteckkorb.

Möglichkeit 2:
Bezeichnungen für Werkzeuge und Bestecke stehen durcheinander an der Tafel. Die Schüler sortieren und formulieren die Überschriften = Sammelnamen.

TA:

Geschirr	Pfanne Bohrer Zange Becher Schüssel Topf Schraubenzieher Tasse Feile Hammer Teller	Werkzeug

Erarbeiten

- *Erkenntnis* (Merksatz): Sammelnamen fassen die Dinge zusammen.
- *Stillarbeit:* Suche je fünf Vertreter!

Fahrzeuge	Möbel	Spielzeug	
Auto	Schrank	Roller	
Fahrrad	Tisch	Ball	
Bus	Stuhl	Luftballon	
Eisenbahn	Bett	Kreisel	
Motorrad	Schreibtisch	Hüpfgummi	

- Lehrerin liest verschiedene Begriffe vor, die Schüler suchen nach den Sammelnamen, z.B.: Banane, Zwetschge, Kirsche, Erdbeere = Früchte.

- *Partnerarbeit:* Jede Gruppe sucht zu einem beliebigen Sammelnamen vier
  Beispiele und versteckt dazu ein „Kuckucksei" in den Unterbegriffen.
  Wer findet das Kuckucksei? Die Partnergruppen lesen vor, z.B.
      Rose, Tulpe, Flieder, Narzisse, Nelke
      Quark, Ketchup, Joghurt, Sahne, Dickmilch

Übung (Spiel):
Jagd nach den Unterbegriffen
Die Schüler spielen in Gruppen gegeneinander. Die Lehrerin gibt einen
Sammelnamen vor. Die Schüler haben zwei Minuten Zeit, so viele Unterbe-
griffe wie möglich zu finden. Nach zwei Minuten wird die Suche gestoppt.
Die Schüler lesen die gefundenen Wörter vor. Welche Gruppe hat die mei-
sten Begriffe gefunden?

Wortarten-Quiz (2–4)

LZ: – Wiederholen, Festigen und Anwenden bekannter Wortarten
      – Der Wortschatz soll aktiviert, zu vorgegebenen Wortarten sollen
        entsprechende Beispiele mit dem jeweils angegebenen Buchstaben
        gesucht werden.

Vorbereitung
Je nachdem, wie viele Wortarten den Schülern bereits bekannt sind, schreibt
man Karten mit den entsprechenden Begriffen, z.B.

Namenwort	Tätigkeitswort	Eigenschaftswort

Nun werden noch kleine Zettelchen benötigt, auf die je ein Buchstabe geschrieben wird. Seltene Buchstaben wie x, y, q, j und c entfallen.

Spielverlauf
Eine Schülerin wird zur Glücksfee ernannt. Sie steht am Lehrertisch und
zieht jeweils eine Wortkarte und einen Buchstabenzettel. Beides zeigt sie
den Mitschülern.

Beispiel:

Tätigkeitswort	k K

Alle Schüler überlegen sich ein Wort der entsprechenden Wortart mit dem vorgegebenen Buchstaben. In unserem Fall z. B. kommen, können, kriechen, krabbeln, kochen... Dieses Wort schreiben sie auf den Block.

Darauf gibt die Glücksfee einen neuen Arbeitsauftrag, indem sie wieder eine Wortkarte und einen Buchstabenzettel hochhebt. Nach etwa zehn Wörtern werden die Ergebnisse kontrolliert und ggf. verbessert. Die Glücksfee bestimmt einen Mitschüler, der sie ablösen darf.

Wortbrücken bauen (2–4)

LZ: Möglichkeiten der Wortbildung

Ein Wort, das zum einen Grundwort, zum anderen Bestimmungswort ist, nennen wir „Brückenwort". Eine solche Brücke ist z. B. „Haus". Es bildet das Grundwort zu „Reihen" und das Bestimmungswort zu „Schlüssel".

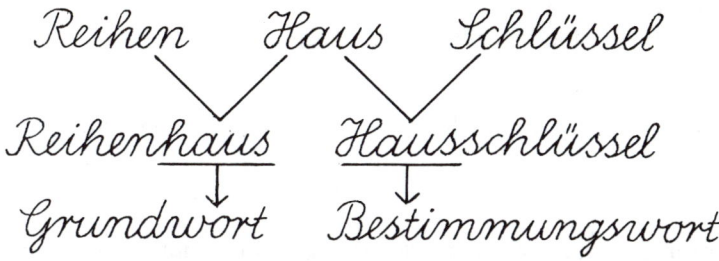

Am Anfang der Stunde werden die äußeren „Brückenpfeiler" an die Tafel geschrieben, die Schüler sollen die Brückenwörter finden.

Beispiele:

Tannen	– Baum	– Rinde	
Schul	– Tür	– Klinke	
Schuh	– Band	– Wurm	
Blumen	– Topf	– Deckel	
Hand	– Taschen	– Dieb	

Wer findet weitere Beispiele?

Nun werden die Brückenwörter vorgegeben, und die Schüler ergänzen die äußeren „Brückenpfeiler".

Beispiele:

Regen	– Wasser	– Ball	
Erdbeer	– Eis	– Bär	
Nadel	– Kissen	– Bezug	
Wüsten	– Sand	– Kasten	
Ansichts	– Karten	– Ständer	
Gummi	– Reifen	– Panne	

Was da für lustige Wörter entstehen! Noch lustiger geht es zu, wenn wir neu-
artige Tiere erfinden, z.B. den Schokoladeneisvogel oder den oberbayeri-
schen Schnürlregenwurm, den Pellkartoffelkäfer oder die Bauernstuben-
fliege.
Welches Wort ist nun das Brückenwort? Unterstreichen!
Wer kann weitere merkwürdige Tiere erfinden?

Rätsel aus der Werbung (3/4)

LZ: Schließen auf ein Produkt aufgrund von Werbesprüchen und entsprechenden Adjektiven

Vorbereitung
Tafelanschrift verschiedener Produkte, für die geworben wird:

Zahnpasta, Badezusatz, Fruchtsaft, Babywindeln, Hundefutter, Auto,
Kaffee, Tee, Waschmaschine, Bier, Schampon, Waschmittel

Rätsel
Der Lehrer liest nun nacheinander die verschiedenen Werbesprüche vor.
Die Schüler raten, um welches Produkt es sich jeweils handeln könnte, und
notieren es auf dem Block, z.B. Zahnpasta.

1. Strahlendes, blendendes Kußweiß. Sie ersetzt den Gang zum Zahnarzt.
   Kein Raucherbelag mehr!

2. Mit feinem Fleisch in delikater Jelly. Welche der acht Sorten wird Ihr
   kleiner Feinschmecker heute genießen? Für Kleine mit großen Ansprü-
   chen!

3. Tauchen Sie ein in das wohlig-zarte Hautgefühl. Während Sie sich in der
   Wanne entspannen, umspült es sanft Ihre Haut. Das ist ein Hautgefühl,
   das Ihre geheimsten Sehnsüchte erfüllt!

4. Ein Gefühl wie Sonntag. Von den besten Plantagen des Ceylon-Hoch-
   landes, spritzig und feinherb.

5. Faszinierender Duft. Auf frischer Welle. Ohne Treibgas. Traumhaft.
   Romantische Frische.

6. Magenmild. Das Schonaroma. Neu im Geschmack für genußreiche Stunden!

7. Leuchtende Farben, strahlendes Weiß! Gegen hartnäckigen Schmutz. Geeignet für alle modernen Fasern unserer Zeit. Gründlich, sauber, kraftvoll!

8. Kernig, würzig, herrlich frisch! Ein Beweis deutscher Braukunst!

9. Extramild. Ohne Zuckerzusatz! Reich an natürlichem Vitamin C – und so gesund!

10. Sie ist sanft. Sie ist stark. Sie wäscht alles blitzsauber. Ihr Fachhändler zeigt sie Ihnen gerne.

11. Sie ist ultra-dünn und ultra-saugstark. Sie schließt die Nässe sicher ein. Elastische Bündchen, wiederverschließbare Klebebänder. Immer eine gute Wahl!

12. Reaktionsschnell, außen rassig – innen familienfreundlich geräumig. Sicherste Straßenlage. Steigern Sie Ihr Fahrgefühl!

Immer deutlicher (3/4)

LZ: Kenntnis der Wortarten, Satzteile und ihrer Aufgaben

Der Lehrer schaut mit einem „Finger"-Fernglas aus dem Fenster und sagt: „Da ist ein Auto." „Da fährt ein Auto." „Da fährt ein blaues Auto." „Da fährt ein großes, blaues Auto mit offenem Dach." „Da fährt ein großes, blaues Auto mit offenem Dach die Straße hinunter."
Wenn jetzt alle Schüler am Fenster stehen und hinausschauen, macht das gar nichts. Ein Schüler kann gleich weitermachen: „Ich sehe eine Frau." „Ich sehe eine dicke, blonde Frau." ...
Wenn alle Kinder wieder auf ihren Plätzen sind, machen wir weiter. An der Tafel steht „Opa fährt". Wer kann den Satz erweitern? Flori sagt: „Opa fährt im Rollstuhl" und darf gleich einen anderen Schüler aufrufen. Der sagt vielleicht „Mein lieber Opa fährt im Rollstuhl." So wird der Satz immer länger und natürlich immer eindeutiger. Wir verlängern den Satz so lange, bis uns nichts mehr einfällt. „Mein lieber Opa fährt in rasendem Tempo im Rollstuhl die Straße entlang zum Supermarkt."

Wortschatzübung I (3/4)

LZ: – Wortbildung und Wortzusammensetzung
– Finden von möglichst vielen Bestimmungswörtern zu einem Grundwort

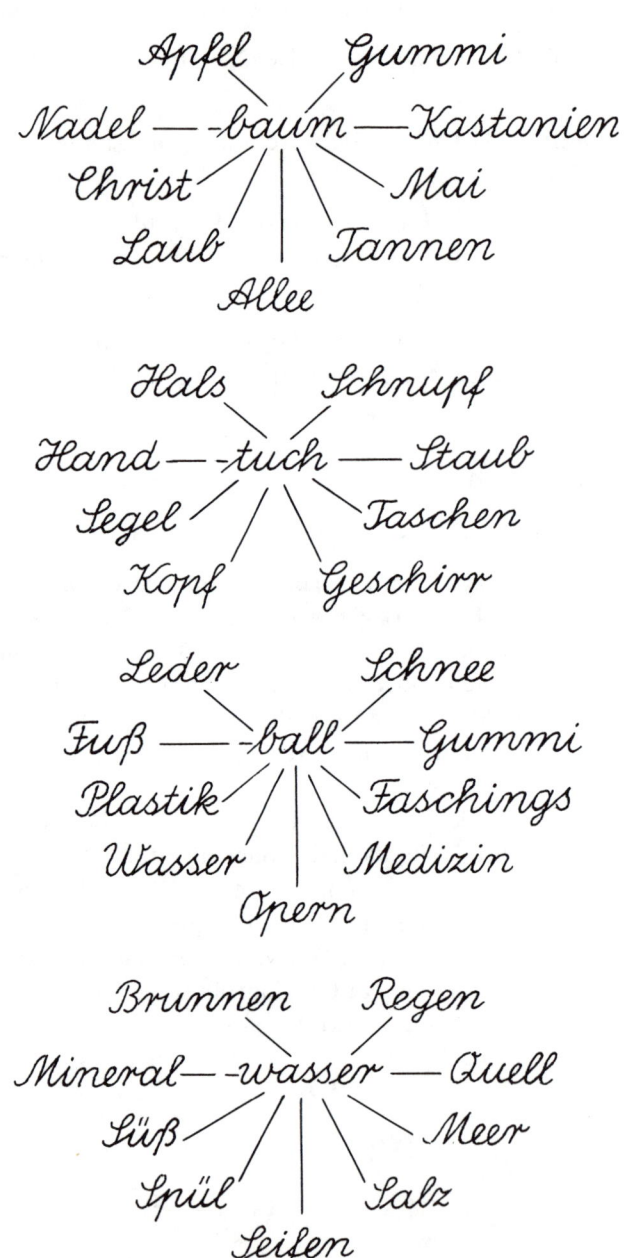

Wortschatzübung II (3/4)

LZ: – Möglichkeiten der Wortbildung, Zusammensetzung
– Finden von Grundwörtern zu einem vorgegebenen Bestimmungswort

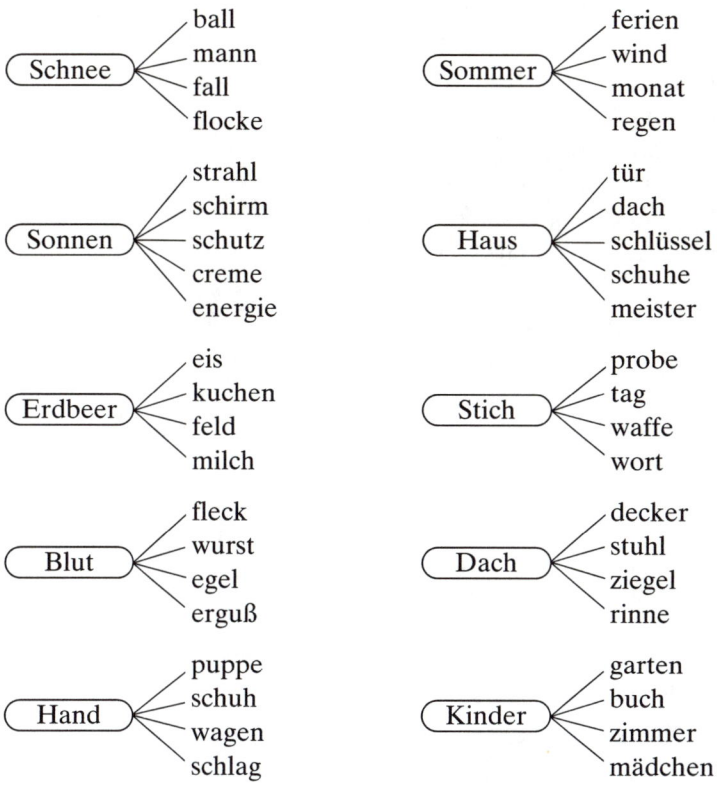

Schnee: ball, mann, fall, flocke

Sommer: ferien, wind, monat, regen

Sonnen: strahl, schirm, schutz, creme, energie

Haus: tür, dach, schlüssel, schuhe, meister

Erdbeer: eis, kuchen, feld, milch

Stich: probe, tag, waffe, wort

Blut: fleck, wurst, egel, erguß

Dach: decker, stuhl, ziegel, rinne

Hand: puppe, schuh, wagen, schlag

Kinder: garten, buch, zimmer, mädchen

Weitere Bestimmungswörter, die sich für diese Übung eignen: Sport, Auto, Winter, Bau, Gras, Tannen, Kerzen, Eis...

Störenfriede gesucht (3/4)

LZ: – Herausfinden von unpassenden Eigenschaftswörtern
– Finden von treffenden Eigenschaftswörtern
– Verstecken eines unpassenden Eigenschaftswortes (Störenfried)

Textvorgabe
In jeder Zeile paßt ein Eigenschaftswort nicht zu dem jeweiligen Begriff. Streiche die Störenfriede mit Bleistift durch!

Baum: kahl   knorrig   unruhig   hoch
Haus: alt   klein   geräumig   blühend

Buch: süß   spannend   dick   langweilig
Apfel: stolz   wurmig   reif   saftig
Mädchen: lustig   verwelkt   frisch   schön
Mandarine: frisch   kernlos   neblig   saftig
Kleid: rostig   modern   hübsch   zerrissen
Hund: treu   brav   bissig   gestrickt
Ring: golden   windstill   wertvoll   teuer
Schuhe: gefüttert   bequem   würzig   eng
Tischdecke: gemustert   sauer   fleckig   bestickt
Brot: knusprig   frisch   kariert   verschimmelt
Wasser: kalt   morsch   abgekocht   trüb
Haare: lockig   seidig   gefärbt   verbeult
Wetter: sahnig   bewölkt   kühl   regnerisch
Fuchs: flink   schlau   unrasiert   hungrig

Anwendung

Nun sollst du selber zu den angegebenen Wörtern passende Eigenschaftswörter suchen. In jeder Reihe darfst du einen Störenfried verstecken.

Auto:

Wiese:

Pulli:

Bett:

Geräusch:

Butter:

Arbeit an Wortfeldern (3/4)

LZ: – Ersetzen des Tätigkeitswortes „gehen" durch treffendere und ge-
          nauere Tätigkeitswörter
       – Szenisches Darstellen der gefundenen Tätigkeitswörter
       – Benennen der dargestellten Tätigkeitswörter

Die gleiche Arbeit kann mit den Verben „sagen" und „essen" vorgenommen
werden.

Da wurde das Wortfeld „gehen" schon gründlich durchgenommen, und beim
Erzählen sagen die Kinder ständig „gehen". Ursache dafür ist wahrscheinlich, daß man sich mit einfachem Sammeln von Wörtern begnügt hat, ohne
sie tatsächlich mit Leben zu füllen. In einer Vertretungsstunde hat man nun
einmal Gelegenheit, die Ersatzwörter für „gehen" genau zu betrachten und
sie szenisch darstellen zu lassen.

Einstieg

Wir schauen aus dem Fenster und betrachten die Vorüber„gehenden" ganz
genau.

40

Eine Frau eilt vorüber, ein alter Mann humpelt die Straße hinauf, zwei Schulbuben sausen in den Schulhof...

Betrachtung (Phantasiespiel): Was wollen die Personen? Woher kommen sie? Wohin „gehen" sie? Wie fühlen sie sich?

Erarbeitung

Einige Schüler „gehen" auf verschiedene Weise (übertrieben!) durchs Klassenzimmer.

Wir stellen fest *(Tafelanschrift)*:

Astrid hinkt, Franz torkelt (spielt einen Betrunkenen), Catrin schlendert, Bettina trippelt...

Das „gehen"-Quiz

Die Klasse wird in zwei Gruppen unterteilt. *Gruppe A* stellt sich nebeneinander an der Wand auf. Jedes Kind hat Stift und Block bei sich.

Die Kinder der *Gruppe B* überlegen verschiedene Arten des „Gehens" und defilieren in der entsprechenden Gangart an den Mitgliedern der Gruppe A vorbei. Diese Kinder (A) notieren auf dem Block, z. B.

marschieren − hüpfen − rennen − schleichen − stapfen...

Kontrolle

Ein Schüler der Gruppe A liest die Wörter vor, die Mitschüler vergleichen und verbessern ggf. Für jede Gangart wird das aussagekräftigste Tätigkeitswort festgestellt.

Wortverbindungen (3/4)

Möglichkeiten der Wortbildung, Wortschatzerweiterung

LZ: − Sinnvolles Zusammensetzen von Eigenschafts- und Namenwörtern
− Erkennen, daß sich die Schreibweise der zusammengesetzten Wörter nach dem Grundwort richtet

Eigenschaftswörter und Namenwörter lassen sich zu zusammengesetzten Wörtern verbinden. Je nachdem, welches Wort das Grundwort bildet, wird das zusammengesetzte Wort groß oder klein geschrieben.

Beispiel:

Rotfuchs

Bestimmungswort ┊ Grundwort ⟶ Namenwort
(deshalb groß)

fuchsrot

Bestimmungswort ┊ Grundwort ⟶ Eigenschaftswort
(deshalb klein)

Eigenschaftswörter:

groß, dick, hoch, gesund, weich, grün, eng, lieb, glatt, kühl, hart, schwer, fest, leicht, blau, süß, alt, frei, rund, dünn, neu, braun, leicht

Hauptwörter:

Finger, Reiz, Mut, Windel, Haus, Stein, Kern, Paß, Spiegel, Sinn, Stadt, Tannen, Schrank, Feuer, Tauben, Speise, Schmerz, Bau, Darm, Kugel, Nagel, Bär, Kinder

Arbeitsschritte

1. Die beiden Wortgruppen werden gelesen.
2. Wer findet ein zusammengesetztes Wort?
3. Der Schüler, der je zwei Wörter zu einem zusammensetzt, streicht in verschiedenen Farben an der Tafel beide Wortteile durch und schreibt das neue Wort an die jeweilige Seitentafel. Begründung!
4. Sind alle Wörter beider Wortgruppen verbraucht, suchen wir selbst weitere und tragen sie auf der jeweiligen Seitentafel bzw. auf dem Block ein.

Tafelbild:

Zusammengesetzte Eigenschaftswörter schreibe ich klein	Wortverbindungen	Zusammengesetzte Namenwörter schreibe ich groß
. taubenblau . kinderleicht . kugelrund .	*Rotfuchs* Bestimmungs- | Grundwort { Namenwort (deshalb groß) wort *fuchsrot* Bestimmungs- | Grundwort { Eigenschafts-wort (deshalb klein) wort 1. Namenwörter: Speise, Schmerz, Bau, Finger, Reiz, Bär, Haus, Stein, Kern, Paß, Mut, Windel, Spiegel, Feuer, Kugel, Nagel, Tauben, Kinder, Tannen, Schrank, Stadt, Sinn 2. Eigenschaftswörter: groß, dick, hoch, gesund, weich, eng, süß, lieb, glatt, grün, hart, kühl, fest, schwer, leicht, blau, alt, frei, neu, rund, dünn, braun	. Großstadt . Braunbär . Altbau .

Partner gesucht (4)

LZ: Möglichkeiten der Wortbildung, Zusammensetzung aus Namenwörtern

Was hat der „Zahn" mit dem „Rind" zu tun? Eigentlich nicht viel, außer daß man an beide Wörter das gleiche Wort anhängen kann, um so zwei sinnvolle zusammengesetzte Namenwörter zu erhalten. Also:

Zahn<u>fleisch</u>   Rind<u>fleisch</u>

Schreiben Sie an die Tafel die folgenden Wörter! Die Schüler sollen nun immer die beiden Partner finden, an die man ein und dasselbe Namenwort anfügen kann, um zwei zusammengesetzte Namenwörter zu erhalten.

Schnee   Taschen   Brillen
    Hosen   Regen
Wunder   Christbaum   Feder
    Bücher   Hühner
Hand   Tee   Auto   Brief

Wir schreiben die *Lösungen* auf und unterstreichen das Grundwort:
Regen<u>wurm</u> – Bücher<u>wurm</u>, Hühner<u>ei</u> – Te<u>ei</u>, Christbaum<u>kerze</u> – Wunder<u>kerze</u>, Brief<u>träger</u> – Hosen<u>träger</u>, Hand<u>tuch</u> – Taschen<u>tuch</u>, Brillen<u>schlange</u> – Auto<u>schlange</u>, Schnee<u>ball</u> – Feder<u>ball</u>.
Nun sind die Schüler an der Reihe. Sicher fallen ihnen noch Beispiele ein. Vielleicht wäre das auch eine Hausaufgabe?

Bastelsätze (4)

LZ: Erkennen und Bestimmen von Satzteilen

Teilen Sie die Klasse in drei Gruppen!
Die erste Gruppe notiert auf dem Block verschiedene Satzgegenstände. *Beispiel:* Der Lehrer, Tante Martha, Dackel Waldi...
Die mittlere Gruppe notiert die Satzaussagen. *Beispiel:* hängt, schwimmt, krabbelt, telefoniert...
Und die letzte Gruppe notiert Ortsangaben. *Beispiel:* im Hühnerstall, im Kühlschrank, im Aquarium, unter dem Tisch...
Nun werden Sätze gebastelt. Dazu nennt jede Gruppe einen der aufnotierten Satzteile. Und das kann dabei herauskommen:

> Der Lehrer   hängt   im Aquarium
> Dackel Waldi telefoniert   im Kühlschrank

Und weil die Sätze lustig sind und alle Schüler lachen, nutzt man das Ganze noch zum Bestimmen der Satzteile aus, also „Wer hängt im Aquarium?" – „Der Lehrer. Der Lehrer ist der Satzgegenstand"...

Mündliche und schriftliche Sprachgestaltung

Das Abc-Spiel (1/2)

LZ: Sinnvolle Sätze aus Wörtern mit gleichen Anfangsbuchstaben bilden

Uralt, aber trotzdem lustig, ist dieses Spiel, bei dem es darum geht, Sätze zu bilden, die aus Wörtern mit gleichen Anfangsbuchstaben bestehen.
Es arbeiten immer zwei Kinder zusammen. Eines sagt laut „A" und setzt in Gedanken das Alphabet fort bis der Partner „halt" ruft. Den Buchstaben, den das Kind in diesem Augenblick „im Kopf" hatte, nennt es laut, z. B. „H".
Nun müssen die beiden Schüler einen sinnvollen Satz bilden, in dem alle Wörter mit „H" beginnen.
Beispiele:
>   Heute hat Hans Husten
>   Huberts Hennen haben Hunger

Die gefundenen Sätze dürfen dann natürlich der ganzen Klasse vorgelesen werden.

Wer kennt das Ding in meiner Hand? (1–4)

LZ: Förderung der mündlichen Sprachgestaltung

Die Schüler werden in Gruppen zu je 4–6 Spielern eingeteilt.
Ein Schüler kommt nach vorne und setzt sich an den Lehrertisch. Vor ihm wird ein Atlas oder ein Ordner aufgestellt, damit die Mitschüler nicht sehen können, welchen Gegenstand der Lehrer ihm in die Hand gibt. Solche Gegenstände können sein: Radiergummi, Uhr, Klebestift, Apfel...
Der Schüler, der den Gegenstand sieht und befühlt, beschreibt nun seinen Mitschülern möglichst genau Form, Oberflächenbeschaffenheit und den möglichen Verwendungszweck des Gegenstands, ohne natürlich den Begriff selbst zu nennen. Die Mitspieler raten, um welches Ding es sich handeln könnte. Wer den Begriff errät, dessen Gruppe erhält einen Punkt. Die Punkte der einzelnen Gruppen werden an der Tafel notiert. Es gewinnt die Gruppe, die nach etwa 10 Spielrunden die meisten Punkte hat.

Abzählverse (2)

LZ: − Trennen von Wörtern nach Sprechsilben
>   − Silbenbetontes Sprechen

44

Einstieg

Ein Kind wird für eine besondere Aufgabe gebraucht. Es melden sich aber viele Kinder. Wie können wir gerecht entscheiden? – Schüler: wählen, abzählen...

Erarbeitung

- *Wer kennt einen Abzählreim?* Ein Schüler zählt ab. Das Kind für die besondere Aufgabe ist gefunden. Es darf einen Abzählreim sagen.
- *Sammlung:* Abzählreime

Beispiele:

Es lief eine Maus
wohl über das Haus,
den Tripp, den Trapp,
denn du warst ab!

Oma und Opa
sitzen auf dem Sofa.
Sofa kracht,
Oma lacht,
Opa grinst
und du verschwind'st!

Eins, zwei, drei
die andern sind vorbei,
rips, raps, 'raus,
du bist drauß.

Eins, zwei, drei,
Butter auf den Brei,
Salz auf den Speck:
Du mußt weg!

Eins, zwei, drei, vier, fünf, sechs, sieben,
in der Straße Nummer 7
wackelt das Haus,
piept die Maus,
schupp, ...*, du bist raus.

*Namen des jeweiligen Kindes einsetzen

Bim, bam, bum!
Das Zählen geht rum.
Schnecke, Schnecke, schnüre,
Männchen geh und führe
uns herein, heraus:
Du bist drauß.

Ele mele muh,
heraus bist du.
Heraus bist du noch lange nicht,
mußt erst sagen, wie alt du bist:
(Ein Kind antwortet: Sieben!)
Ein, zwei, drei, vier, fünf, sechs, sieben –
sieben ist kein Wort,
und du mußt fort,
fort ist kein Satz,
und du machst Platz.

Sätze ordnen (2/3)

LZ: – Erkennen von unrichtigen Reihenfolgen
  – Ordnen nach einer sinnvollen Reihenfolge

Impuls: (Kopiervorlage):

Was ist denn da passiert?

Du sollst herausfinden, wie die Sätze richtig aufeinanderfolgen. Schreibe vor jeden Satz die zutreffende Nummer!

Beispiel (TA):

③ *Die Eier schmecken sehr gut.*

① *Mutter kocht die Frühstückseier.*

② *Peter bringt die Eier auf den Tisch.*

Was ist denn da passiert?

○ Pferd und Reiter galoppieren davon.
○ Peter steigt auf das Pferd.
○ Das Pferd wird müde.

○ Was für einfache Aufgaben!
○ Er schlägt Seite 33 auf.
○ Flori holt das Mathematikbuch aus seiner Schultasche.

○ Die Vogelbabys haben Hunger.
○ Die Amsel brütet auf den Eiern.
○ Die Jungen schlüpfen aus.

○ Tante Frieda ißt Kirschkuchen.
○ Sie verschluckt sich und hustet.
○ Plötzlich muß sie lachen.

○ Catrin und Flori ziehen sich warme Sachen an.
○ Hurrah, es hat geschneit!
○ Sie laufen hinaus und bauen einen Schneemann.

○ Die Katze lauert vor dem Mauseloch.
○ Die Katze hat die Maus erwischt.
○ Plötzlich packt sie zu.

Lustige Phantasiesätze (2–4)

LZ: − Bilden von sinnvollen Sätzen aus vorgegebenen Wörtern

Jeder Schüler darf beliebige Wörter nennen. Der Lehrer schreibt sie in Dreiergruppen an die *Tafel*, z. B.

    Torte   − Maus   − schwitzen
    Geist   − sorgen   − Gärtner
    Familie − Regen   − Woche
    ...

Sind genügend Wörtergruppen gefunden, machen wir uns ans Sätzebasteln.
Ein Satz wird als Beispiel mit allen Schülern gemeinsam gebildet, z. B.

    Familie Bartl geht jede Woche im Regen spazieren.

Dann gehen alle Schüler selbst ans Werk. Jeweils drei der Tafelwörter sollen verwendet werden. Die Phantasiesätze sollen möglichst lustig sein. Nach getaner Arbeit dürfen die Schüler sie vorlesen. Was dabei herauskommt, ist oft erstaunlich. Die besten (lustigsten) Sätze werden von den jeweiligen „Autoren" an die Tafel geschrieben.

„Spickzettel" für gute Aufsätze (2–4)

LZ: – Finden von Synonymen und treffenderen Ausdrücken
– Bereicherung des aktiven Wortschatzes

Einstieg
Den Schülern wird auf Folie ein kurzer Text gezeigt, der die Sprachnot des Schreibers verdeutlicht, z.B.:

> Gestern ging Tina zu ihrer Tante. Die Tante hörte die Türglocke nicht. Tina sah die Tante durch das Fenster. Tina klopfte an das Küchenfenster und sagte laut: „Tante Gerda!" Doch die Tante hörte nicht. Da ging Tina um das Haus herum. Sie sah die Terrassentür offenstehen und ging ins Haus. Die Tante hörte ein Geräusch, sah sich um und sagte: „Hilfe, ein Einbrecher!"

Erarbeitung
Die unpassenden Ausdrücke werden herausgesucht und im Text unterstrichen.
sah – sehen, sagte – sagen, geh – gehen, hörte – hören
Arbeitsteilige Gruppenarbeit:
Jede Gruppe sucht möglichst viele Ersatzwörter für das ihr zugeteilte, zu verbessernde Wort.
Gruppe 1: „sehen"
Gruppe 2: „sagen"
Gruppe 3: „gehen"
Gruppe 4: „hören" (schwierigste Gruppenarbeit! Bei der Auswahl der Schüler darauf achten!)
Einbringen der Ergebnisse: Gruppensprecher lesen die gefundenen Wörter vor.

Anwendung
- *Stillarbeit:* Jeder Schüler verbessert den vorgegebenen Satz individuell und sucht dabei die seiner Ansicht nach besten Ersatzwörter aus.
- Jede Gruppe schreibt die gefundenen Wörter noch einmal auf einen „Spickzettel".

Die Spickzettel werden im Klassenzimmer aufgehängt und stehen den Schüler beim nächsten Aufsatzschreiben zur Verfügung.
Anmerkung: Information an den Klassenlehrer nicht vergessen!

Mögliche Gruppenergebnisse:

Gruppe 1: „sehen"

gucken, beobachten, schauen, übersehen, erkennen, blicken, wahrnehmen, blinzeln, äugen, spähen, peilen, linsen, lugen, betrachten, zusehen, besichtigen, bemerken, mustern, zwinkern, gewahren, entdecken, luchsen, starren, anstieren...

Gruppe 2: „sagen"

quatschen, sprechen, reden, murmeln, rufen, brüllen, schreien, antworten, fragen, kreischen, zischen, flüstern, stammeln, stottern, schnattern, tratschen, raten, begrüßen, mitteilen, lallen, fluchen, verraten, schimpfen, klagen, erklären, betteln, bitten, meinen...

Gruppe 3: „gehen"

marschieren, trotten, trampeln, rennen, laufen, rasen, sausen, torkeln, trippeln, stolzieren, spazieren, stampfen, schreiten, schleichen, schlendern...

Gruppen 4: „hören"

horchen, lauschen, verstehen, aufhorchen, die Ohren spitzen, entnehmen, erzählen, zuhören, belauschen, mitkriegen, erfahren, vernehmen, wahrnehmen...

Eine Stunde voller Witze (2–4)

LZ: – Mit Sprache andere unterhalten

– Auf gute Artikulation und Vortrag achten

Über eine Stunde voller Witze freut sich jede Klasse. Darüber hinaus dient eine solche Stunde nicht nur dem Spaß, sie bringt auch Positives für den Deutschunterricht.

- Die Schüler schulen den mündlichen Ausdruck.
- Pointiertes Vortragen und richtiges Betonen sind Voraussetzungen für einen Lacherfolg.
- Schlechte Leser werden angeregt, Witzebücher zu lesen. Und das ist immerhin schon ein Einstieg! Die kurzen Texte mit Lacherlebnis regen zum Weiterlesen an.

Damit Sie die Witzestunde auch entsprechend einleiten können, hier ein paar *Beispiele:*

„Herr Ober, Herr Ober! In meinem Teller ist ein Sprung!" „Sie irren sich. Das ist das Würstchen!"

„Was habt ihr heute in der Schule gemacht?"
„Wir haben Sprengstoff hergestellt."
„Und was macht ihr morgen in der Schule?"
„In welcher Schule?"

Mutter zum Sohn: „Iß das Gemüse, damit du etwas Farbe ins Gesicht bekommst!" Sohn: „Ich will aber keine grünen Backen!"

Gefühle raten (2–4)

LZ: – Darstellen von Gefühlen (z. B.: Freude, Angst)
 – Erraten der dargestellten Gefühle
 – Berichten, woran Gefühle erkannt worden sind

Vorbereitung

Auf jeweils zwei Zettel wird derselbe Begriff für ein Gefühl geschrieben. Also zweimal Angst, zweimal Wut, zweimal Enttäuschung, zweimal Entsetzen... Die Zettel werden zusammengefaltet und in einer Schachtel gut gemischt.

Verlauf der Übung

Jedes Kind zieht einen Zettel und liest den Begriff für das Gefühl, das es nun darstellen soll. Die Zettel bitte gleich wieder zusammenfalten! Auf ein Startzeichen hin gehen alle Kinder durch das Klassenzimmer und versuchen dabei, das ihnen zugeteilte Gefühl möglichst echt darzustellen. Ein trauriges Kind wird zum Beispiel sehr langsam mit herabhängenden Schultern und leise schluchzend durch das Zimmer gehen, während ein anderes Kind seine Freude durch strahlendes Lachen und kleine Freudensprünge zum Ausdruck bringt. Kinder, die das gleiche Gefühl darstellen, sollen sich zusammenfinden.

Auswertung

Nach dieser darstellenden Übung sollte ein Gespräch im Klassenverband folgen. Dabei können diese Punkte angesprochen werden:
● Wie habe ich mich gefühlt während der Übung?
● Wie habe ich die Gefühlsäußerungen meiner Mitschüler empfunden?
● Welches Gefühl war leicht, welches war schwer zu erraten?
● Hätte ich lieber ein anderes Gefühl darstellen wollen und warum?
Nach diesem auswertenden Gespräch kann man die einzelnen Gefühls-Gruppen noch einmal vor die Klasse rufen.
Nun betrachten wir gemeinsam ganz genau:
● Welches Gefühl wird dargestellt?
● Woran kann man das erkennen?
● Die Darsteller dürfen erzählen, was sie empfinden.
● Wie kann man am besten auf einen Menschen in der jeweiligen Gefühls-lage eingehen? (Trost, Mitfreude...).
Abschließend können die Schüler die Auswertung auch schriftlich fixieren.

Geheimnisvolle Gegenstände (3/4)

LZ: – Anregen der Phantasie
   – Schulung des mündlichen Ausdrucks
   – Zu den Bildern und den jeweiligen Fragen möglichst viele (lustige)
     Antworten finden

① Wozu passen diese Schlüssel?

② Wohin führt dieser Weg?

③ Wem gehört dieser Schuh?

④ Wer wohnt in diesem Haus?

⑤ Wo hängt diese Uhr? Im Uhrengehäuse ist etwas versteckt!

⑥ Mit wem telefoniert dieser Mann?

⑦ Was ist unter dem Hut versteckt?

⑧ Was ist in dem Topf?

⑨ In dieser Mülltonne liegt etwas, das nicht hineingehört!

⑩ Warum rennt der Bub davon?

⑪ Du schaust durch das Schlüsselloch. Was siehst du?

Mathematik

Quiz mit dem „logischen Material" (1)
(z. B. Logemaplättchen)

LZ: Erkennen und Ordnen von Formen

Material: Logemaplättchen

Die Schüler sollen ihre Plättchen nach Formen sortieren und entsprechend den von der Lehrerin angegebenen Kennzeichen ordnen und auslegen.
Zuerst suchen wir alle Plättchen aus der Schachtel, die rund sind und einen glatten Rand haben. Wir legen sie auf einen Stapel.
Genauso sortieren wir dann die Plättchen, die dreieckig sind und einen glatten Rand haben, und die Plättchen, die quadratisch sind und einen glatten Rand haben.
Nun gibt die Lehrerin langsam nacheinander verschiedene Merkmale an. Die Schüler sollen das Plättchen heraussuchen, das der Form nach zu diesen Begriffen paßt.

Beispiele:
Die Lehrerin sagt „Ehering". Die Schüler suchen ein rundes Plättchen und legen es vor sich auf die Bank. Danach sagt sie vielleicht „Holzkiste", die Schüler suchen ein viereckiges Plättchen und legen es daneben.

Begriffe zum Zuordnen:
Dachgiebel (▲), Teller (●), Luftballon (●), Briefkasten (■), Tisch (■), Vollmond (●), Eiszapfen (▼), Geldstück (●), Tortenstück (▲), Briefmarke (■), Autoreifen (●), Knödel (●), Tannenbaum (▲)...
Nach etwa fünf Begriffen wird kontrolliert. Die Schüler geben an, welche fünf Plättchen nun in welcher Reihenfolge vor ihnen liegen. Wer hat alle fünf Begriffe richtig zugeordnet?
Es folgt die zweite Spielrunde.

Zahlenstechen (1)

LZ: Erkennen und Anwenden der Begriffe „größer – kleiner – gleich"

Material: kariertes Blockblatt, Schere

Jeder Schüler schneidet zehn gleichgroße Quadrate aus Papier. Am besten verwendet man ein Blatt vom Mathematikblock. Die Quadrate sollen etwa 4×4 Kästchen groß werden. (Ihre Größe ist aber nicht so wichtig.)

Vorbereitung

Die Schüler stellen einen Malblock o.ä. als Sichtschutz zwischen sich. Jeder Spieler breitet seine Zettelchen vor sich aus und beschriftet sie von 1–10:

| 1 | 2 | 3 | 4 | 5 | 6 | 7 | 8 | 9 | 10 |

Spielverlauf

Es spielen immer zwei Tischnachbarn miteinander.

Jeder Spieler nimmt ein beliebiges Zettelchen zur Hand. Auf einen Zuruf hin heben beide ihr Zahlenkärtchen hoch. Wer die größere Zahl hat, bekommt das des Nachbarn.

Die Schüler sollen dazu angehalten werden, die Ungleichung zu formulieren.

Spieler A sagt:

„5 ist größer als 2"

Spieler B sagt:

„2 ist kleiner als 5"

Diese beiden Zahlenzettel werden vom Gewinner auf die Seite gelegt, sie spielen also nicht mehr mit. Das Spiel wird fortgesetzt, bis alle Zahlen an der Reihe waren. Wer die meisten Zahlenpaare einheimsen konnte, gewinnt. Heben die Schüler zufällig die gleiche Zahl hoch, so formulieren sie z.B. „8 ist gleich 8" und legen die Plättchen wieder zurück.

Nachbarn gesucht (1)

LZ: Zählen vorwärts und rückwärts im Zahlenraum 1–10

Material: kariertes Blockblatt, Filzstift

Die Schüler sollen erkennen, daß jede Ordnungszahl ihren festen Platz hat. Das Aufsuchen der Vorgänger und Nachfolger hilft, spielerisch diese Erkenntnis zu festigen.

Jeder Schüler schreibt auf ein Blockblatt mit dickem Filzstift eine Zahl von 1–10 (1–20). Der Lehrer ruft ein Kind nach vorne. Dieses zeigt sein Blatt den Mitschülern. Sofort sollen die Kinder, die eine Nachbarzahl auf ihrem Blatt stehen haben, herauskommen und sich entsprechend vor oder hinter diesen Schüler stellen.

Also z.B. Die Catrin steht vorne und zeigt ihr Blatt mit der Zahl 7. Nun stellen sich die Kinder, die eine 6 auf ihr Blatt geschrieben haben, vor die Catrin, diejenigen mit der 8 hinter sie.

Dann wird gemeinsam verbalisiert:

    6 ist Vorgänger von 7

    8 ist Nachfolger von 7

    6 und 8 sind die Nachbarn der Zahl 7

Spannendes Würfelspringen (1)

LZ: Wiederholen und Festigen der Addition und Subtraktion im Zahlenraum bis 12

Material: pro Schülergruppe (4 Schüler) 2 Würfel

Vorbereitung

Im Pausenhof wird eine etwa 10 Meter lange Startlinie und, in etwa 10 Metern Entfernung, eine ebensolange Ziellinie markiert.

Die Klasse wird in Gruppen zu je 4 Schülern eingeteilt. Alle Schülergruppen stellen sich an der Startlinie auf.

Spielverlauf

Zwei Schüler der Gruppe A würfeln. Ein drittes Mitglied ihrer Gruppe addiert (subtrahiert) die gewürfelten „Augen", z. B.

$$\boxed{\,\cdot\,} + \boxed{\,\because\,} = 5$$

Der vierte Schüler der Gruppe hüpft nun entsprechend dem Ergebnis im Schlußsprung auf das Ziel zu, in unserem Fall 5mal hintereinander.

Nun ist die Gruppe B an der Reihe und so fort. Die Schüler jeder Gruppe wechseln beim Würfeln, Rechnen und Springen untereinander ab. Gewonnen hat die Gruppe, deren „Springer" zuerst die Ziellinie erreicht.

Knobelfieber (1)

LZ: Addition im Zahlenraum bis 20

Es knobeln immer zwei Kinder miteinander. Die Lehrerin gibt eine Zahl vor, z. B. 8. Auf das Kommando: Achtung, fertig, los! zeigt jeder Schüler seinem Partner eine bestimmte Anzahl Finger.

Beispiel:
Flori zeigt drei Finger, Catrin zeigt zwei Finger. Die Summe beträgt 5. Die beiden müssen nochmal knobeln, da die Zahl 8 angesagt war.
Wie viele Durchgänge werden benötigt, um die vorgegebene Zahl zu erreichen? Welche Partnergruppe erreicht sie auf Anhieb? Natürlich darf während des Spiels nicht gesprochen werden!

Variation: Der Zahlenraum wird bis 20 erweitert, die Partner knobeln mit beiden Händen. – Wir knobeln zu dritt, zu viert...

Wir haben diese Rechenübung nicht ohne Grund „Knobelfieber" genannt. In unserer Schule ist nach Bekanntwerden des Spiels tatsächlich das Knobelfieber ausgebrochen. Die Schüler spielten im Schulhof, im Schulbus, vor, während und nach dem Unterricht, und der Knobelfiebervirus machte nicht einmal vor dem Lehrerzimmer halt.

Erbsen raten (1)

LZ: Addieren und Subtrahieren im Zahlenraum bis 10

Material: Erbsen, Maiskörner u.ä.

Jeder Schüler bekommt 10 Erbsen. Wenn keine Erbsen, Maiskörner oder dergl. zur Verfügung stehen (Schulküche!), behilft man sich mit selbstgedrehten Papierkügelchen.
Der Lehrer nimmt z. B. 7 Kügelchen, dreht sich mit dem Rücken zur Klasse und verteilt sie in seinen Fäusten. Nun dreht er sich um und sagt: „In meiner linken Hand habe ich 5 Erbsen." Die Kinder „raten", wie viele Erbsen dann in der rechten sind. Haben die Kinder den Spielvorgang verstanden, dürfen sie alle leise durchs Klassenzimmer gehen und jedem Mitspieler, den sie „treffen", ein solches Erbsen-Rätsel aufgeben.

Ergebniswettlauf (1/2)

LZ: – Lösen einfacher Kettenrechnungen
– Addition und Subtraktion im Zahlenraum 1–20

Alle Schüler begeben sich an die Rückwand des Klassenzimmers. Die Lehrerin schreibt an jede Tafelfläche und an jede Seitentafel eine Zahl zwischen 1 und 10. Wichtig dabei ist, daß jede Zahl in gebührendem Abstand zur Nachbarzahl angebracht wird. Die Lehrerin stellt sich in die Mitte des Klassenzimmers und gibt langsam eine Kettenrechnung an, z. B. $6 + 3 + 4 -$

54

2 + 5 − 10 = ? Auf ihr Kommando „ist gleich" laufen alle Schüler zu der Ergebniszahl, in unserem Fall zur 6. Der Schüler, der zuerst ankam, setzt sich auf seinen Platz. Alle anderen, auch diejenigen, die falsch gerechnet haben und zu einer anderen Zahl liefen, begeben sich wieder an die Rückwand. Nun darf der Sieger der ersten Runde die nächste Kettenrechnung stellen. Er sagt vielleicht: 10 − 3 + 5, davon die Hälfte, + 2 − 5 = ?" Wer richtig gerechnet hat, saust los zur Zahl 3.

Das Spiel wird so lange fortgesetzt, bis alle Schüler wieder auf ihren Plätzen sitzen.

Variation 1: Selbstverständlich kann dieses Spiel genauso im 3. und 4. Schuljahr gespielt werden. Entweder wählt man die Aufgaben dann so, daß ebenfalls eine Zahl zwischen 1 und 10 herauskommt, oder die Zahlen werden entsprechend geändert, z. B. 10, 20, 30, . . . 100, 200, 300 . . .

Variation 2: Ergebniswettlauf im Freien
Sollte das Wetter geeignet sein, ist eine Mathematikstunde im Freien für die Schüler ein besonderes Ereignis. Der Ergebniswettlauf eignet sich da ganz besonders. Die Zahlenschilder werden dann am besten an zwei gegenüberliegenden Hauswänden angeheftet. Zusätzlich wird das Spiel aber folgendermaßen erschwert:
Der Schüler, der in der ersten Spielrunde Sieger war, wird zum Fänger ernannt. Seine Aufgabe besteht darin, seine Mitschüler abzufangen, während sie vom Ausgangspunkt zur entsprechenden Ergebnistafel laufen. Wer dabei erwischt wird, scheidet aus. Der Sieger aus der zweiten Spielrunde wird ebenfalls zum Fänger, so daß es von Spielrunde zu Spielrunde wegen der zunehmenden Zahl der Fänger schwieriger wird, ein Ergebnisschild zu erreichen.

Vorgänger und Nachfolger gesucht (1/2)

LZ: − Wiederholen und Festigen der Zahlenfolge im behandelten Zahlenraum (1. Schj. 1–10 (20), 2. Schj. 1–100)
        − Auffinden der Vorgänger bzw. Nachfolger zu vorgegebenen Zahlen

Material: Block, Farbstift

Alle Schüler suchen sich aus dem jeweiligen Zahlenraum je drei beliebige Zahlen aus und schreiben sie mit farbigem Stift untereinander auf ihren Block.
Sind alle Kinder fertig, beginnt die Lehrerin, beliebige Zahlen des entsprechenden Zahlenraumes langsam anzusagen. Hört ein Kind eine Zahl, die ein Nachbar zu einer seiner Zahlen auf dem Block ist, trägt er sie an der entsprechenden Stelle, also vor oder nach seiner Zahl ein.

Der Schüler, der zuerst alle Nachbarn seiner „roten" Zahlen gehört und entsprechend eingetragen hat, ruft laut „Stopp!"
Dieser Schüler liest nun allen Mitschülern seine Zahlen mit den Nachbarn vor. Hat er alles richtig, darf er dafür in der nächsten Runde die Rolle der Lehrerin übernehmen.

Zehn in einer Reihe (1/2)

LZ: – Additions- bzw. Ergänzungsaufgaben im Zahlenraum bis 10 lösen
        – Strategisches Vorgehen erkennen, um möglichst viele und hohe Punkteplättchen ablegen zu können

Material: kariertes Blatt, Schere, Farbstifte

Es spielen immer zwei Schüler miteinander.

Vorbereitung

Schüler A malt auf den Block ein Quadrat mit 5 × 5 Kästchen. Jedes Kästchen sollte 1,5 cm lang und 1,5 cm breit sein (jeweils 3 Blockkästchen)
Schüler B malt auf den Block zwei Rechtecke mit je 14 Kästchen und beschriftet sie wie folgt:

0	1	1	1	1	1	2
2	2	3	3	4	4	5

Spieler A blau

0	1	1	1	1	1	2
2	2	3	3	4	4	5

Spieler B rot

Die einzelnen Kästchen werden ausgeschnitten – Spieler A bekommt die blauen, Spieler B die roten Zahlenkästchen.

Spielverlauf

Spieler A legt den Spielplan auf den Tisch. Beide Spieler dürfen nun abwechselnd ein Zahlenplättchen in ein Feld des Spielplans legen. Sie müssen aber stets darauf achten, daß in keiner Reihe – weder waagrecht, noch senkrecht oder diagonal – die Summe der Zahlen größer wird als 10. Das ist in diesem Spiel verboten!
Das Spiel ist zu Ende, wenn:
- ein Spieler alle Plättchen abgelegt hat
- oder wenn kein Plättchen mehr angelegt werden kann. In diesem Fall addiert jeder Spieler die Zahlen auf seinen verbleibenden Plättchen. Wer die niedrigere Zahl hat, seine Plättchen also besser angelegt hat, gewinnt.

Dieses Spiel sollte öfter gespielt werden. Die Kinder merken schnell, daß es sinnvoll ist, zuerst die Plättchen mit den hohen Zahlen anzulegen. Der Spielverlauf wird dann von Spielrunde zu Spielrunde spannender.

Vorwärts – rückwärts (1/2)

LZ: Zählen vorwärts und rückwärts im Zahlenraum bis 20 (100)

Im 1. und auch noch im 2. Schuljahr kommt es vor, daß einige Kinder Schwierigkeiten beim Aufsagen der Zahlwertfolge haben. Besonders häufig tritt Unsicherheit bei den Zehnerübergängen auf. Zur Einübung der Zahlwertfolge in einem bestimmten Bereich (1. Schuljahr 1–20, 2. Schuljahr 1–100) eignet sich dieses Spiel besonders gut.
Die Kinder stehen im Kreis. Ein Kind fängt an, es sagt „1". Das Nachbarkind sagt „2" usw. Plötzlich klatscht der Lehrer in die Hände. Das bedeutet, das Zählen geht in richtiger Reihenfolge weiter, jetzt jedoch rückwärts. Beim nächsten Klatschen werden die Zahlen wieder vorwärts aufgezählt.
Sobald die Kinder das Prinzip verstanden haben, wird die Geschwindigkeit erhöht. Wie schnell können wir die Zahlen vorwärts und rückwärts aufsagen?

Mathematikinseln im Pausenhof (1–4)

Wir nutzen eine Vertretungsstunde, um den Pausenhof mit einem sinnvollen und lustigen Lernspiel zu bereichern.

LZ: Wiederholung der Grundrechenarten entsprechend dem Zahlenraum der jeweiligen Klasse

Vorbereitung
Auf ebenem Gelände wird auf den Bodenbelag des Pausenhofes mit Kreide ein Rechteck mit 10 Kästchen gezeichnet. Sie sind unsere Rettungsinseln. In jedes Kästchen wird eine Zahl von 1–10 geschrieben.

1	2	3	4	5
6	7	8	9	10

Spielverlauf

Alle Schüler befinden sich etwa 5 m von den Rettungsinseln entfernt in einem „Boot“. Der Kapitän gibt, gemäß dem bereits erarbeiteten Mathematikstoff, eine Aufgabe (z.B. für das 4. Schuljahr: $48:12 = ?$). Schüler, die richtig gerechnet haben, laufen zur Rettungsinsel Nummer 4 . Dort wird es freilich eng, weil zahlreiche Kinder darauf Platz finden wollen. Wer aber nicht wenigstens mit einem Fuß noch auf der Insel steht, scheidet aus. Ebenso rettungslos verloren sind alle, die auf einer falschen Insel gelandet sind.

So wird also Runde für Runde gerechnet, bis immer weniger Schüler mitspielen können. Nun muß immer derjenige ausscheiden, der die richtige Rettungsinsel zuletzt betreten hat. Wer übrig bleibt, ist verdientermaßen Sieger und wird gebührend beglückwünscht.

Anmerkung: Dieses Spiel macht den Schülern erfahrungsgemäß so großen Spaß, daß sie sich in der Pause immer wieder zusammenfinden, um es zu spielen. Sollten Sie damit auch so gute Erfahrungen machen, wäre das einer Anregung in der nächsten Konferenz wert, diese Mathe-Inseln mit beständiger Farbe auf dem Pausenhof zu malen.

Rechentreppe (1–4)

LZ: Wiederholen und Festigen der erlernten Grundrechenarten entsprechend der jeweiligen Klassenstufe

Vorbereitung

Die Schüler spielen in drei bis fünf Gruppen gegeneinander. Für jede Gruppe wird eine Treppe mit zehn Stufen an die Tafel gezeichnet; jede erhält ein Kennzeichen.

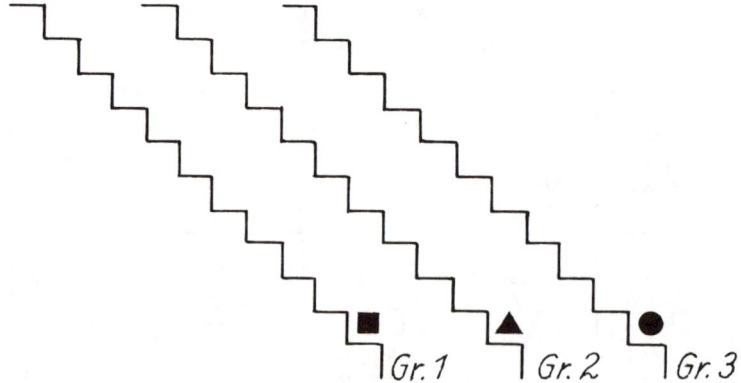

Spielverlauf

Die Lehrerin stellt eine Rechenaufgabe. Der Schüler, der zuerst das richtige Ergebnis ruft, bringt seine Gruppe auf der Treppe eine Stufe nach oben. Gewonnen hat die Gruppe, deren Kennzeichen zuerst oben auf der Treppe angekommen ist.

Um zu verhindern, daß Schüler vor Eifer falsche Antworten rufen, wird ihnen vorher erklärt, daß sie für eine falsche Antwort wieder eine Stufe nach unten purzeln.

Ballspiel mit Zahlen (1–4)

LZ: Wiederholen und Festigen der Grundrechenarten

Gerade in der Grundschule kann man eine Vertretungsstunde vortrefflich dazu nutzen, mit den Kindern ins Freie zu gehen.

Draußen bilden wir einen Kreis, der Lehrer steht in der Mitte und gibt nun laut eine Grundzahl, z. B. „100" und einen Subtrahenden, z. B. „7" an. Jetzt wirft er den Ball einem Schüler zu. Der fängt ihn und sagte 93. Er hat gerechnet $100 - 7 = 93$ und wirft den Ball zum Lehrer zurück. War das Ergebnis richtig, schickt der Lehrer den Ball einem anderen Schüler. Dieser ruft dann 86. Er hat gerechnet $93 - 7 = 86$.

War das Ergebnis falsch, bekommt der Schüler den Ball zurück und muß noch einmal nachrechnen. Nach einigen Spielrunden wird der Lehrer von einem (im Rechnen guten) Schüler abgelöst.

Bingo (1–4)

LZ: Wiederholen und Festigen der Grundrechenarten

Beispiel für das 2. Schuljahr

Jeder Schüler schreibt fünf beliebige Zahlen im Zahlenraum von 0–20 auf seinen Block, z. B. 4, 18, 20, 16, 2. Der Lehrer stellt eine beliebige Aufgabe, deren Ergebnis in diesem Zahlenraum liegt, z. B. $8 + 8 = ?$ Er ruft einen Schüler auf, der die Aufgabe laut vorrechnet. Die anderen vergleichen das Ergebnis mit ihren Bingozahlen. Wer die Zahl 16 notiert hatte, darf sie jetzt auf seinem Block durchstreichen. Wer zuerst alle fünf Bingozahlen durchstreichen konnte, ruft laut „Bingo" und hat gewonnen.

Rechen-Tombola (1–4)

LZ: Wiederholen und Festigen der Grundrechenarten

Die Grundstruktur der Rechenaufgaben wird vorgegeben. *Beispiel* für das 2. Schuljahr: Addition im Zahlenraum bis 20.

Spielverlauf

Jeder Schüler schreibt auf ein Zettelchen eine Rechenaufgabe, z. B. $9 + 3 = ?$
Dann werden die Zettelchen zu Losen zusammengerollt und in der Mitte geknickt, damit sie nicht von selbst wieder aufrollen, in einem Hut gesammelt
und gut gemischt. Nun schreibt der Lehrer fünf mögliche Summen an die Tafel, z. B. 11, 14, 8, 12, 20. Jeder Schüler zieht dann ein Los und rechnet still
für sich die Aufgabe, z. B. $9 + 3 = 12$.
Kontrolliert werden die Aufgaben im Klassenverband. Dazu liest jeder Schüler seine Aufgabe vor und nennt das Ergebnis. Ist es identisch mit einer der
Trefferzahlen an der Tafel, so darf sich der Glückliche etwas wünschen, z. B.

- er läßt sich von einem Mitschüler einen Witz erzählen,
- die Klasse singt ihm sein Lieblingslied vor,
- er darf drei Trefferzahlen für die nächste Spielrunde aussuchen und an die
  Tafel schreiben.

Nach einigen Spielrunden mit den gleichen Losen werden neue geschrieben
mit einer neuen Aufgabenstellung, z. B. $4 + ? = 20$ oder $? - 6 = 8 \dots$

Das Thronspiel (1–4)

LZ: Wiederholen der Grundrechenarten

Die Schüler sollen entsprechend ihrer Jahrgangsstufe Addition, Subtraktion
ggf. auch Multiplikation und Division im entsprechenden Zahlenraum
wiederholen.

Vorbereitung

Die Schüler werden in zwei gleichstarke Gruppen geteilt. Jeder erhält eine
Nummer; zwei (von jeder Gruppe einer) erhalten die gleiche Nummer.
Vor den Schülern steht ein Stuhl, unser Thron.

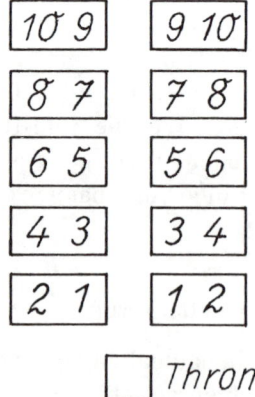

Spielverlauf

Die Lehrerin gibt eine beliebige Aufgabe (oder Kettenrechnung) aus dem bekannten Zahlenraum an.

Beispiel für das 1. Schuljahr: $3 + 3 - 4 = ?$ Alle Kinder rechnen. Die beiden Schüler, die die gleiche Nummer entsprechend dem Ergebnis tragen, in unserem Fall also die 2, laufen vor und versuchen den Thron einzunehmen. Der Schüler, der zuerst auf dem Thron sitzt, erhält einen Punkt für seine Gruppe. Beide Schüler setzen sich wieder auf ihre Plätze. Nun wird die nächste Aufgabe gestellt.

Wichtig bei diesem Spiel ist also nicht nur das schnelle und richtige Lösen der Aufgaben, sondern auch das schnelle Reagieren.

Additions-Duell (2)

LZ: Wiederholen und Festigen der Grundrechenarten

Die Schüler sitzen im Kreis. Der Reihe nach erhält jeder Schüler eine Nummer.

Beispiel:

Ein Schüler steht in der Mitte und ruft eine Aufgabe, z. B. $8 + 7 = ?$ Die beiden Schüler, Nummer 8 und Nummer 7, müssen nun so schnell wie möglich das Ergebnis, also 15 rufen. Wer das Ergebnis zuerst nennt, gewinnt, stellt sich in den Kreis und darf die nächste Aufgabe vorgeben. Das Kind aus der Kreismitte setzt sich auf den leeren Stuhl und übernimmt die Nummer seines Vorgängers.

Variation: Dieses Spiel eignet sich auch für kürzere Kettenrechnungen, z. B. $3 \cdot 4 + 1 = 13$

„Blinde" Bankbeamte (2–4)

LZ: Zahl als Ergebnis einer Operation

Material: Münzen, Schachtel

Die Schüler spielen in Gruppen gegeneinander. Alle Schüler verschränken ihre Arme und legen den Kopf ins „Nest". Die Augen sind geschlossen.

Der Lehrer wirft nun nacheinander drei (zwei, vier...) Münzen in eine Schachtel. Die Kinder müssen gut aufpassen und hören, wie viele Münzen in die Schachtel fallen. Dann sagt der Lehrer z. B.: „Das waren 17 Pfennige." Da die Schüler drei Münzen fallen hörten, rechnen sie schnell, welche Münzen wohl gefallen sind. Wer das Ergebnis richtig nennt – in unserem Falle 10, 5, 2 –, dessen Gruppe bekommt einen Punkt gutgeschrieben.

Staffelball (2–4)

LZ: Wiederholen und Festigen der Grundrechenarten

Material: Ball

Die Klasse wird in etwa 2–4 gleichgroße Gruppen geteilt. Alle Kinder einer Gruppe stehen hintereinander. Der vorderste Schüler bekommt einen Ball, den er über seinen Kopf dem Hintermann weitergibt. Dieser und die nächsten verfahren ebenso, bis der Ball beim letzten Schüler angekommen ist. Der krabbelt mit dem Ball zwischen den Beinen der Gruppenmitglieder hindurch nach vorne und stellt sich als erster in seiner Gruppe auf.

Nachdem wir dieses Spiel einige Male ohne dabei zu rechnen durchgeführt haben, erschweren wir es folgendermaßen:

Eine Einmaleinsreihe wird festgelegt, z. B. das Einmaleins mit 4. Nun gibt der erste Schüler den Ball weiter und sagt dabei die erste Rechnung $1 \cdot 4 = 4$. Der nächste Spieler gibt den Ball weiter und sagt 8..., bis der Ball beim letzten Schüler ankommt.

Welche Aufgabenart man vorgibt, bleibt selbstverständlich gleich. Man kann auch eine Grundzahl, z. B. 100, vorgeben und einen Subtrahenden, z. B. 13. Nun muß jeder Schüler vom vorhergehenden Ergebnis ebenfalls 13 abziehen.

Wer will, kann das Spiel auch im Wettbewerb der Gruppen durchführen.

Zahlenlabyrinth (2–4)

LZ: Addition im Bereich 0–100

Sollten Sie es doch noch schaffen, vor Unterrichtsbeginn in der verwaisten Klasse einzutreffen, so bereiten Sie an der Innenseite der Klapptafel ein

Zahlenlabyrinth vor. Aufgabe der Schüler ist nun, von einem Stern zum anderen zu gelangen und dabei die geringstmögliche Zahl als Endsumme zu erreichen.

Alle Zahlen, durch die die Schüler wandern, müssen addiert werden. Man darf nur in direkt angrenzende Felder (waagrecht, senkrecht oder diagonal) wandern.

Beispiel:

☆	4	5	1	2	1	3	2	1	7
2	2	1	6	1	6	7	4	3	3
3	4	5	7	3	1	2	5	2	7
1	2	4	2	1	3	2	6	1	1
1	3	6	3	1	3	6	1	4	5
4	1	4	5	3	4	5	3	1	2
1	4	2	7	2	1	5	7	2	6
1	2	3	5	3	6	4	5	1	4
2	3	4	2	1	3	7	3	2	1
1	3	2	1	6	4	3	1	3	☆

(14)

Umgekehrt kann auf gleiche Weise auch auf die höchstmögliche Endsumme abgezielt werden.

Störenfriede (2–4)

LZ: Erkennen von logischen Reihen

An die Tafel werden verschiedene Zahlenreihen notiert, die nach einer bestimmten Gesetzmäßigkeit aufgestellt wurden. Eine Zahl paßt jedoch nicht in die Reihe. Aber welche?

Die Schüler sollen zuerst in Gedanken Reihe für Reihe genau betrachten und die „Störenfriede" auf dem Block notieren. Dann wird mit der ganzen Klasse Reihe für Reihe betrachtet, die Gesetzmäßigkeit herausgefunden und der Störenfried entlarvt.

Beispiele:

5	10	14	20	25	(14)
2	4	8	17	32	(17)
30	27	23	21	18	(23)
18	22	26	30	33	(33)

Zeit-Kim (2–4)

LZ: Schulung des Zeitgefühls, Wiederholung der Maße Minuten/Sekunden

Die Kinder schließen die Augen und verschränken die Arme. Der Lehrer sagt eine bestimmte Zeit an, z. B. 30 Sekunden. Dann gibt er das Startzeichen „Jetzt!"
Sobald die Schüler meinen, daß die 30 Sekunden verstrichen sind, melden sie sich durch Armzeichen, halten ihre Augen aber immer noch geschlossen. Nach einer gewissen Zeit bricht der Lehrer ab. Die Kinder öffnen die Augen und der Lehrer gibt bekannt, welcher Schüler am besten geschätzt hat.

Einmaleins-Karussell (3)

LZ: Wiederholen und Festigen der Einmaleinsreihen

Um mehr Übungsmöglichkeit für den einzelnen Schüler zu schaffen, empfiehlt es sich, dieses Spiel mit nur e i n e r Schülergruppe durchzuführen.

Vorbereitung
Auf dem Pausenhof wird mit Kreide ein Kreis von etwa 2 m Durchmesser gezeichnet. Er wird in zehn Felder unterteilt, entweder entsprechend der Abbildung oder in einer anderen beliebigen Zahlenfolge beschriftet. Wichtig dabei ist nur, daß die Zahlen nicht ihrer echten Reihenfolge nach (also nicht 1, 2, 3 . . .) eingesetzt werden.

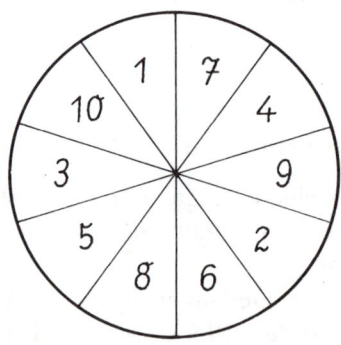

Spielverlauf
Ein Schüler beginnt das Spiel und stellt sich vor das Feld mit der Zahl 1. Die Lehrerin gibt ihm ein beliebiges Einmaleins auf, z. B. das mit drei.
Der Schüler läuft im Uhrzeigersinn um den Kreis und gibt dabei die entsprechenden Einmaleinszahlen laut an. In unserem Fall also: 3, 21, 12, 27, 6, 18, 24, 15, 9, 30.

Hat er alle Zahlen richtig genannt, darf er den nächsten Läufer und das nächste Einmaleins bestimmen.

Variation: Dieses Spiel kann man auch im Gruppenwettbewerb durchführen. Dazu werden die Schüler in zwei Kleingruppen unterteilt. Für jeden fehlerlosen Durchgang erhält die jeweilige Gruppe einen Pluspunkt. Wer eine falsche Einmaleinszahl nennt, geht natürlich punktlos aus dem Rennen.

Wettwürfeln (3/4)

LZ: − Wiederholen des kleinen Einmaleins
  − Addition im Zahlenraum bis 300

Material: Block, je Gruppe ein Spielwürfel

Jeder Schüler bereitet auf einem Blockblatt folgende Tabelle vor:

	1. Spielrunde	·2	·3	·4	·5	·6	·7	·8	·9	Gesamt-punkt-zahl
Catrin										

Da sicherlich nicht für jeden Schüler ein Würfel zur Verfügung steht, sollte das Spiel gruppenweise durchgeführt werden.

Spielverlauf

1. Runde: Jeder Schüler würfelt einmal. Sein Ergebnis wird neben seinem Namen, unter der Bezeichnung der Spielrunde in die erste Spalte eingetragen.
2. Runde: Jeder Schüler würfelt einmal und multipliziert die erreichten „Augen" mit 2. Dieses Ergebnis wird in Spalte 2 eingetragen.
3.−9. Runde: Die Schüler würfeln, multiplizieren jeweils ihre „Augen" mit der angegebenen Zahl und tragen die Punkte ein.
Ende des Spiels: Jedes Kind addiert die erreichten Punkte aus allen Spielrunden und trägt die Summe ein. Sieger ist, wer die höchste Gesamtpunktzahl erreicht hat.

Vier in einer Reihe (3/4)

LZ: Wiederholen des kleinen Einmaleins

Zwei Gruppen spielen gegeneinander. Jeder Gruppe wird eine bestimmte Farbe zugedacht, z.B.

  Gruppe A − rot   Gruppe B − grün

Vorbereitung

An die Tafel wird ein Quadrat mit 5 × 5 Kästchen gezeichnet. Die Schüler helfen mit, die einzelnen Felder mit Einmaleinsergebnissen auszufüllen.

Beispiel:

32	9	21	36	40
8	16	~~35~~	42	12
10	72	30	24	27
6	45	28	20	54
18	64	14	63	81

Vor der Klasse, den Mitschülern zugewandt, sitzen zwei Kinder. Auf einem Tisch haben sie zwei Sätze Zettelchen mit den Zahlen 1–10 so vor sich liegen, daß auch sie die Zahlen nicht sehen können.

Spielverlauf

Nun geht das Spiel los. Beide Kinder drehen je ein Zettelchen um und nennen nacheinander die aufgedeckten Zahlen. *Beispiel:* Markus sagt 7, Catrin sagt 5. Die Kinder rechnen: $7 \cdot 5 = 35$. Wer zuerst das richtige Ergebnis 35 ruft, mit dessen Gruppenfarbe wird das Ergebnisfeld 35 durchgestrichen.
Es siegt die Gruppe, die zuerst vier benachbarte Ergebniskästchen − entweder waagerecht, senkrecht oder diagonal − durchstreichen konnte.

Geheimzahl im Versteck (3/4)

LZ: Zahlen ordnen, vergleichen mehr/weniger

Ein Schüler schreibt eine beliebige Zahl zwischen 1 und 100 an die Rückseite der Tafel „ins Versteck". Er gibt an, zwischen welchen beiden Zehnerzahlen sich seine Geheimzahl befindet, z. B. „Meine Zahl ist zwischen 40 und 50."
Die Mitschüler versuchen die Geheimzahl zu erraten. Jedes Kind schreibt seinen „Tip" auf den Block. Susanne schreibt 43 auf, Peter 48 usw. Dann wird die Zahl aufgedeckt. Es war die 46. Wer richtig getippt hat oder der gesuchten Zahl am nächsten ist, darf die nächste Zahl ins Versteck schreiben.

Variation: Eine Gruppe von maximal 8 Kindern spielt zusammen. Ein Schüler schreibt versteckt eine beliebige Zahl zwischen 1 und 100 auf seinen

Block. Der Reihe nach darf ihm jeder Mitspieler eine Frage stellen, z. B.: „Ist die Zahl größer als 60?" oder „Ist die Zahl kleiner als 40?" usw. Hat jeder seine Frage gestellt und die Antwort bekommen, schreibt er seinen „Tip" folgerichtig auf den Block, z. B.

„Ist die Zahl kleiner als 40?"
Antwort „nein" = x > 40

„Ist die Zahl größer als 60?"
Antwort „nein" = 40 > x < 60

„Ist die Zahl durch 2 teilbar?"
Antwort „ja" 42, 44, 46, 48, 50, 52, 54, 56, 58

„Ist die Zahl durch 4 teilbar?"
Antwort „nein" 42, 46, 50, 54, 58

Die Schüler geben ihre „Tips" ab, z. B. 46. — Wer hat richtig getippt? Er darf die nächste Lösungszahl verstecken.

Würfel-Bingo (3/4)

LZ: Wiederholen der Grundrechenarten im Bereich von 1–36

Material: Tafelbild oder je Gruppe ein vervielfältigtes Bingofeld und einen Würfel

Wenn Sie nur eine Kleingruppe bis zu acht Schülern bilden, können Sie dieses Spiel zugleich mit allen Kindern durchführen. Das Bingofeld müßte dann auf die Tafel übertragen werden.
Bei mehr als acht Kindern empfiehlt es sich, für jede Partnergruppe ein eigenes Bingofeld zu kopieren. Die Partnergruppen spielen dann selbständig.

Vorbereitung
für das Spiel mit acht Kindern:
- Das Bingofeld wird an die Tafel gemalt.
- Die Kinder bilden Partnergruppen (also maximal 4 Gruppen).
- Jede Gruppe wählt eine bestimmte Kreidefarbe.
- Je Gruppe einen Würfel besorgen.

Spielverlauf
Die erste Partnergruppe würfelt, jeder Spieler einmal. Nun dürfen die erwürfelten Augen addiert, subtrahiert, multipliziert oder dividiert werden. Das Ergebnis wird im Bingofeld mit der Farbe der Gruppe übermalt.

Ziel des Spiels ist, vier zusammenhängende Felder des Spielplans entweder waagerecht, senkrecht oder diagonal in der Gruppenfarbe zu übermalen.

21	13	22	33	1	12
36	14	35	2	23	17
7	29	16	24	3	15
8	6	30	11	28	4
9	26	5	32	18	25
20	31	19	34	10	27

Beispiele:

Gruppe Rot: Spieler A würfelt Spieler B würfelt

Die Spieler entscheiden sich, welches Feld sie in ihrer Gruppenfarbe ausmalen wollen. Möglich wäre:

$$\boxed{5} + \boxed{6} = 11 \qquad \boxed{6} - \boxed{5} = 1 \qquad \boxed{5} \cdot \boxed{6} = 30$$

Die Gruppe entscheidet sich für 11, da dieses Feld sehr zentral liegt, von hier aus also viele Möglichkeiten zum „Bingo" offen sind.

Nun ist die *Gruppe Blau* an der Reihe:

Spieler A würfelt Spieler B würfelt

Möglichkeiten:

$$\boxed{4} + \boxed{2} = 6 \qquad \boxed{4} - \boxed{2} = 2 \qquad \boxed{4} \cdot \boxed{2} = 8$$

Aktion Rechenpost (4)

LZ: Formulieren von Textaufgaben

Dieses Mathematikspiel eignet sich dann am besten, wenn Sie mehrere Vertretungsstunden – mindestens jedoch zwei – in einer Klasse aushelfen.

Zuerst muß man sich mit dem Parallel-Klaßlehrer absprechen und ihn für die Idee „Rechenpost" begeistern. Schüler und Lehrer wissen, wie langweilig und schülerfern oftmals die Textaufgaben in den Rechenbüchern sind. Hier wollen wir Abhilfe schaffen.

Jeder Schüler soll eine möglichst lustige Textaufgabe erfinden, sie auf einem Blockblatt notieren und auf einem anderen Blatt ausrechnen und beantworten. Was da oft herauskommt, ist sensationell.

Beispiele von Rechenpostaufgaben eines 4. Schuljahres:

> Ein Bauer holt 50 Eier aus dem Hühnerstall. 4 Eier läßt er fallen, 1 Ei klaut ihm der Hofhund Bello und 5 Eier ißt der Bauer zum Frühstück. Wie viele Eier kann er auf dem Markt verkaufen, wenn er zuvor 6 Stück seiner Großmutter schenkt?
>
> *Aufgabe:* $50 - 4 - 1 - 5 - 6 = 34$
>
> *Antwort:* Er kann 34 Eier auf dem Markt verkaufen.

> Ein Clown jongliert mit 40 Bällen. Die Hälfte der Bälle sind rot, 10 Stück sind gelb, und von den restlichen Bällen sind die Hälfte blau, die übrigen grün. Nach einer Weile liegen 8 rote, zwei gelbe und 1 blauer Ball auf dem Boden. Mit wie vielen Bällen welcher Farbe jongliert der Clown weiter?
>
> *Aufgabe:* insgesamt 40 Bälle
>
> davon 20 Bälle rot $- 8 = 12$ Bälle rot
>
> 10 Bälle gelb $- 2 = 8$ Bälle gelb
>
> 5 Bälle blau $- 1 = 4$ Bälle blau
>
> 5 Bälle grün $- 0 = 5$ Bälle grün
>
> *Antwort:* Der Clown jongliert mit 12 roten, 8 gelben, 4 blauen und 5 grünen Bällen weiter.

Die Textaufgaben werden einzeln in Briefumschläge verpackt und der Parallelklasse geschickt. Dort bekommt jeder Schüler einen Rechenbrief, er rechnet und beantwortet die Aufgabe. Danach werden die Aufgaben wieder in die Umschläge gesteckt und der Absenderklasse zurückgeschickt, jedoch hier an andere Schüler ausgeteilt und von den Empfängern nachgerechnet.

Diese Art der Rechenpost hat sich als sehr motivierend herausgestellt. Wir kennen Klassen, die sogar mit Klassen aus anderen Städten solche Rechenpost-Brieffreundschaften pflegen.

Heimat- und Sachkunde

Tiere und Pflanzen

Noah (1–4)

LZ: – Erkennen der Eigenschaften der Tiere
– Erkennen der Beziehung der Tiere zu ihrer Umwelt
– Beschreiben von Tieren

Spielverlauf

Zuerst wählen wir unseren „Noah" aus, also jemanden, der meint, viele, viele Tiere zu kennen. Sicher meldet sich gleich ein Schüler, um diese Rolle zu übernehmen. Nun wählt sich jedes Kind ein beliebiges Tier aus – darf es aber nicht verraten. Einzeln werden die Kinder vor die Klasse gerufen. Jedes beschreibt den Mitschülern und vor allem natürlich dem Noah das von ihm gedachte Tier, ohne den Namen zu nennen. Das ist ja die Aufgabe von Noah. Sollte er ein „Tier" nicht erkennen oder ein falsches nennen, löst ihn ein Mitschüler in seiner bedeutungsvollen Aufgabe ab.

Eine solche Tierbeschreibung könnte etwa lauten: „Ich bin ein kleines, grünes Tier. Ich kann sehr gut springen und schwimmen. Am liebsten esse ich Fliegen. Zwischen meinen Zehen sind Schwimmhäute. Mein ärgster Feind sind Störche und Menschen." – Sollte die Tierbeschreibung etwas ungenau ausfallen, hilft die Lehrerin, indem sie noch weitere Fragen stellt, z.B. „Lebst du im Stall?" – „Ist der Wald dein Zuhause?"

Abschluß

Spiel „Tierfamilien finden zusammen". Die Kinder laufen durcheinander. Die Lehrerin gibt nun eine Anweisung, z.B.: Alle Tiere, die schwimmen können, finden sich in einer Gruppe zusammen. Auf ein Signal suchen sich die „Verwandten" und stellen sich möglichst schnell in Gruppen zusammen. (Andere mögliche Anweisungen: Alle Tiere mit einem Schnabel; alle Tiere mit 2 (4) Beinen; alle Tiere, die Eier legen ...)

Blätter bestimmen (2–4)

LZ: – Genaues Vergleichen nach Form und Farbe üben
– Unterschiedliche Blattformen erkennen, unterscheiden und dem jeweiligen Baum zuordnen

Vertretungsstunden im Sachunterricht sind besonders schwierig, da in den meisten Fällen das dringend nötige Anschauungsmaterial fehlt bzw. nicht mehr herbeigeschafft werden kann. Eine Sachstunde ohne Anschauung wäre aber eine trockene Angelegenheit.

70

Sollten sich Wetter und Jahreszeit dazu eignen, kann man in der Vertretungsstunde mit den Kindern ins Freie, zumindest auf den Pausenhof gehen und die dort wachsenden Pflanzen betrachten und bestimmen.

Arbeit im Freien

Spiel: Die Lehrerin fordert die Schüler auf, fünf verschiedene Blätter zu sammeln. Dazu werden die Kinder in mehrere Gruppen geteilt, um zu verhindern, daß zu viele Blätter abgerissen werden. Sind die Gruppen zurückgekehrt, setzen sich die Schüler im Kreis zusammen. Nun wird jedes Blatt genau betrachtet. Welche Blätter stammen vom gleichen Baum? Worin unterscheiden sie sich? Form, Größe, Farbe, Zustand. Gemeinsam werden sie bestimmt und dem jeweiligen Baum zugeordnet.

Arbeit im Klassenzimmer

- Nun bin ich gespannt, woran ihr euch erinnern könnt. Die Lehrerin hebt ein Blatt hoch. Wer zuerst den Namen des entsprechenden Baumes nennt, dessen Gruppe (Tischreihe) erhält einen Punkt. Welche Gruppe konnte die Blätter am besten bestimmen?
- Die Blätterformen werden an die Tafel bzw. auf den Block abgemalt, die entsprechende Baumart wird dazugeschrieben.
  Ggf. können die Blätter auch noch ergänzend beschrieben werden (z.B. lindgrün, herzförmig...).

Tierfamilien (3/4)

LZ: − Erkennen der Namen innerhalb einer Tierfamilie
− Zuordnen der Namen zu den jeweiligen Tierfamilien

Einstieg

Tierfamilien − Zusammenführung: Die Lehrerin bereitet kleine Zettel vor und schreibt auf jeden den Namen eines anderen Tieres bzw. eines anderen „Familienmitglieds", z.B.

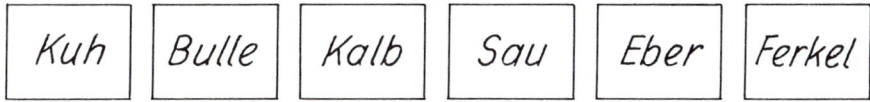

Kuh Bulle Kalb Sau Eber Ferkel

Weitere Tiernamen: Stute, Hengst, Fohlen; Henne, Hahn, Küken; Hündin, Rüde, Welpe; Schaf, Bock, Lamm; Ricke, Rehbock, Kitz; Katze, Kater, Kätzchen...
Die Zettel werden zusammengefaltet, gut gemischt und an die Schüler verteilt. Jedes Kind öffnet seinen Zettel und liest still „seinen" Tiernamen. Er wird noch nicht verraten und der Zettel gleich wieder zusammengefaltet.
Erst auf das Startzeichen hin gibt jedes „Tier" den ihm eigenen Laut von sich: die Ente quakt, die Kuh muht... Die Aufgabe der Kinder besteht

darin, sich zu dreien so schnell wie möglich zur jeweiligen Tierfamilie zusammenzufinden. Welche Familie schafft das zuerst?

Dieses Spiel ist so lustig, daß die Kinder es (mit den gleichen Zetteln!) wiederholt spielen wollen.

Erarbeitung

Vorbereitete TA:

Die Schüler verbinden die Mitglieder jeder Tierfamilie mit einer andersfarbigen Kreide.

Tafelanschrift bzw. Eintrag auf den Block:

Tiermutter	Tiervater	Tierkind
Henne	Hahn	Küken
Katze	Kater	Kätzchen
Hündin	Rüde	Welpe
Kuh	Bulle	Kalb
Sau	Eber	Ferkel
Bache	Keiler	Frischling
Stute	Hengst	Fohlen
Schaf	Bock	Lamm

Blätter-Memory (3/4)

LZ: — Genaues Vergleichen von Blättern
— Erkennen von Unterschieden und Gemeinsamkeiten
— Bestimmen der Blätter nach ihrer Herkunft
— Finden von Blattpaaren

Material: Blätter von Bäumen, je zwei Stück jeder anzutreffenden Art; weiße Papierblätter DIN A5 (besser wäre Tonpapier); Klebstoff, Stift

Eine Schülergruppe wird ins Freie auf das Schulgelände geschickt mit der Aufgabe, von möglichst vielen Bäumen je zwei gleiche Blätter mitzubringen.

72

Bitte, halten Sie die Schüler dazu an, keine Blätter von Ziersträuchern mitzubringen, von denen zahlreiche Pflanzenteile Giftstoffe enthalten.

Während die erste Gruppe unterwegs ist, schneiden wir die Papierblätter zurecht und legen Klebstoff und Stift bereit. Vielleicht ist auch noch Zeit, bekannte Blattformen zu wiederholen und an die Tafel zu zeichnen.

Ist die Sammlergruppe zurück, werden die Blätter nach bekannten und unbekannten Arten sortiert.

Gemeinsam werden die Blätter betrachtet, verglichen, bestimmt, beschriftet und dann einzeln auf das Papier geklebt, so daß wir nach Beendigung der Arbeit je zwei Kärtchen mit dem gleichen, bekannten Baumblatt erhalten.

Die Kärtchen werden umgedreht, so daß die Blätter nach unten liegen, und gut gemischt. Nun wird nach dem allseits bekannten Memory-Prinzip gespielt: Ein Schüler dreht zwei Kärtchen um. Sind die gleichen Blätter darauf zu sehen, darf er beide Kärtchen behalten und so lange weiterspielen, bis er zwei ungleiche Kärtchen aufdeckt. In diesem Fall werden sie wieder verdeckt auf ihren Platz zurückgelegt. Alle Mitschüler prägen sich aber ein, wo welches Blatt liegt. Nun ist ein anderes Kind an der Reihe, sein Glück zu versuchen.

A n m e r k u n g : In großen Klassen ist es ratsam, die Schüler in drei bis fünf Gruppen spielen zu lassen. Es muß für diesen Fall entsprechend mehr Spielmaterial vorbereitet werden.

Im Lauf der Zeit

Monatslotto (1/2)

LZ: − Aufzählen der Monate in der richtigen Reihenfolge
  − Zuordnen von Monatszahl und entsprechendem Monat

Material: kariertes Blockblatt, Schere

Vorbereitung
Jeder Schüler zeichnet auf den Block eine Monatskarte und beschriftet sie mit Zahlen:

1	2	3	4	5	6
7	8	9	10	11	12

Jetzt brauchen wir die gleiche Zeichnung noch einmal, beschriften sie aber mit den Monatsnamen und zerschneiden dieses Blatt dann in zwölf Teile:

Januar	Februar	März	April	Mai	Juni
Juli	August	September	Oktober	November	Dezember

Spielverlauf

Es spielen immer vier Schüler zusammen. Jeder legt seine Zahlenkarte vor sich auf den Tisch. Die Namenblättchen aller vier Kinder werden eingesammelt, gut gemischt und zu einem Stapel aufgetürmt. Die Beschriftung zeigt nach unten.

Der erste Spieler nimmt ein Blättchen vom Stapel. Er liest den Monatsnamen vor, z. B. „Mai", und legt ihn auf seiner Monatskarte in das Feld 5. Ggf. sollte man die Kinder noch anregen, den Vorgang zu verbalisieren, z. B. „Der Mai ist der fünfte Monat im Jahr, darum lege ich das Blättchen auf die Zahl 5." Reihum wird so weitergespielt, bis ein Schüler seine Namenkarte ausgefüllt hat.

Zieht ein Spieler ein Namenblättchen, das er nicht mehr anlegen kann, weil er dieses Feld auf seiner Monatskarte schon besetzt hat, so kommt er in dieser Runde nicht weiter; er schiebt das Blättchen unter die anderen in den Stapel.

Anmerkung: Hat den Schülern dieses Spiel gut gefallen, so sollen sie es als Hausaufgabe aus festem Karton herstellen und die Blättchen entsprechend dem jeweiligen Monat ausschmücken.

Die Jahreszeiten (2/3)

LZ: — Systematisieren von Kenntnissen über die Erscheinungsform der Jahreszeiten durch Zuordnen von Pflanzen, Tieren und menschlichen Tätigkeiten zu den jeweiligen Jahreszeiten.
— Vorausschau und sprachliche Darstellung üben
— Zusammenfassen von Inhalten in einem Satz

Einstieg
Lied:

2. Der Frühling bringt Blumen, der Sommer bringt Klee,
   der Herbst, der bringt Trauben, der Winter den Schnee.

Erarbeitung

- *Benennen der vier Jahreszeiten (TA):*
  Frühling, Sommer, Herbst, Winter
- *Arbeitsteilige Gruppenarbeit*
  Woran erkennen wir die jeweilige Jahreszeit?
  Gruppe 1: Der Frühling
  Gruppe 2: Der Sommer
  Gruppe 3: Der Herbst
  Gruppe 4: Der Winter
- *Mögliche Gruppenergebnisse*
  Gruppenschreiber notiert Stichpunkte
- *Einbringen der Gruppenergebnisse*
  Schüler lesen vor und erzählen dazu. Zusammenfassen der Inhalte in je einem Satz. Ergebnisse eines 3. Schuljahres:

TA:

Frühling
Der Osterhase kommt.
Die Schneeglöckchen blühen.
Viele Menschen säen und pflanzen im Garten.
Lämmer werden geboren.
Die Vögel brüten im Nest.
Die Bäume blühen.

Sommer

Wir haben große Ferien.
Die Äpfel werden reif.
Sommerblumen blühen.
Wir fahren zum Zelten.
Die Erstkläßler bekommen Schultüten.
Wir gehen zum Baden.

Herbst

Es ist nebelig und kalt.
Wir lassen Drachen steigen.
Die Blätter fallen von den Bäumen.
Die Menschen besuchen die Gräber.
Die Bauern ernten.
Mutter kocht Marmelade ein.

Winter

Der Christbaum wird geschmückt.
Wir bauen einen Schneemann.
Ein neues Jahr beginnt.
Die Bäume sind kahl.
Wir füttern hungrige Vögel.
Eiszapfen hängen von den Dächern.

Mehrmaliges Lesen der Ergebnissätze – rechtschriftliche Sicherung

● *Kontrolle:* Die Schüler lesen noch einmal die Ergebnissätze an der Tafel, die dann verdeckt werden. Jeder halbiert ein Blockblatt und schreibt auf jede Hälfte einen der Sätze. Dann werden die Blätter eingesammelt und gut gemischt. Die Gruppen 1–4 sind Standort für die Jahreszeit, die sie eingangs bearbeitet haben, also Gruppe 1 Frühling, usw. Nun holt jeder Schüler zwei der beschriebenen Blätter, liest die beiden erhaltenen Sätze, ordnet sie in Gedanken der jeweiligen Jahreszeit zu und bringt sie zur entsprechenden Gruppe.
Die Gruppen lesen die Sätze laut, prüfen sie auf sachlich richtige Zuordnung und nehmen ggf. Korrekturen vor.

Das Jahr nimmt seinen Lauf (2–4)

LZ: Wiederholen und Festigen der Monatsnamen und deren Reihenfolge im Jahreslauf

Einstieg

Kalender

Jänner kommt mit Schnee und Eis,
macht die ganze Erde weiß.

Februar in seinem Lauf
taut schon manches Fleckchen auf.

März mit Wind und Sonnenschein
bringt den Frühling uns herein.

Launenhaft ist der April,
immer tut er wie er will.

Aber schon kommt an die Reih'
frisch und fröhlich Monat Mai.

Rosensträuße in der Hand,
zieht der Juni dann ins Land.

Urlaubsfreude, Sommerlust
bringen Juli und August.

Der September, sanft und mild,
malt ein herbstlich buntes Bild.

Im Oktober lockt und lacht
süßer Trauben reife Pracht.

Der November, nebelgrau,
trägt ein trüb' Gesicht zur Schau.

Im Dezember dann erhellt
Weihnachtsglanz die ganze Welt.

(Verfasser unbekannt, aus: Das neue Kindergartenbuch. Elisabeth Satory Verlag,
Styria/Wien 1969)

Erarbeitung

● *Vier Jahreszeiten hat das Jahr*
Wer hat im Frühling (Sommer...) Geburtstag? Zuordnen von Monatsnamen zur jeweiligen Jahreszeit. *TA:*

Frühling	Sommer	Herbst	Winter
März	....	....	Dezember
....	....	Oktober	....
....	August	....	....

Die Schüler erzählen über den jeweiligen Geburtsmonat (Wetter, Pflanzen...), z.B.

Der Flori hat im August Geburtstag. Er erzählt, daß er ein Geburtstags-
fest mit Picknick am Kirchsee feiern durfte.

- *Wir malen für jeden Monat ein Bild*

Schüler suchen sich ihren „Lieblingsmonat" (Geburtsmonat) aus und malen dazu ein Bild. Die Lehrerin sorgt für die gleichmäßige Verteilung, damit wir am Schluß für jeden Monat mindestens e in passendes Bild besitzen.

Die Bilder werden in der richtigen Reihenfolge aufgehängt. Die Maler erzählen zu ihren Bildern.

- *Wir lernen das Gedicht „Kalender"*

Jedes Kind lernt den Vers seines Lieblingsmonats auswendig. Die Schüler stellen sich in Monatsreihenfolge auf, und jeder spricht seinen Zweizeiler.

Vorschlag:

Die Schüler malen Rahmen um ihre Bilder. Diese werden zusammengeheftet und dem (kranken) Klassenlehrer geschickt oder im Klassenzimmer als Monatskalender aufgehängt.

Sieben Tage hat die Woche (2–4)

LZ: Festigen der Namen der Wochentage in ihrer richtigen Reihenfolge

Einstieg (Gedicht):

> Guten Morgen Herr Montag!
> Schönen Gruß von Herrn Dienstag
> und Frau Mittwoch läßt fragen,
> ob Herr Donnerstag schon weiß,
> daß Frau Freitag mit Herrn Samstag
> am Sonntag verreist?
> *(Volksgut)*

Erarbeitung

- *Gespräch über die Wochentage*

Mein liebster Tag in der Woche

> Ein Tag zum Ausschlafen
> An Tag haben wir Sportstunde.
> Am... gehe ich nachmittags ins Ballett.
> Am... darf ich länger aufbleiben.

Wiederholen der Wochentage in ihrer Reihenfolge.

- *Spiele:*

Vorbereitung: Jedes Kind bekommt von der Lehrerin einen Wochentag genannt und schreibt den Namen in großen Buchstaben auf ein Blockblatt.

Form 1: Die Lehrerin erzählt eine Geschichte, in der die Wochentage in der richtigen Reihenfolge vorkommen. Die Kinder, die den Namen des jeweils genannten Wochentages auf ihrem Block haben, stehen auf.

Form 2: Ein Kind wird zur Tafel gerufen. Es zeigt sein Wort den Mitschülern. Wer hat die Nachbarnamen? *Beispiel:* Catrin hält das Blatt

DONNERSTAG hoch. Die Schüler, die die Blätter MITTWOCH (Vor-gänger) und FREITAG (Nachfolger) besitzen, laufen zur Catrin und stellen sich links bzw. rechts neben sie.

● *Gemeinsames Lesen des Gedichts* an der Tafel. Rechtschriftliche Sicherung
Stillarbeit: Die Schüler schreiben das Gedicht über die Wochentage ab.
Kontrolle: Wer kann das Gedicht schon auswendig vortragen?

Menschen und ihre Umwelt

Partnervermittlung (1/2)

LZ: Finden von Begriffspaaren

Spiel

Die Lehrerin flüstert jedem Schüler einen Namen zu, der eine Paarbildung möglich macht (s. Tabelle unten). Die Schüler schreiben den Begriff in gro-ßer Schrift auf ein Blockblatt (Rechtschriftliche Sicherung!)

Auf ein Zeichen gehen alle Schüler langsam durch das Klassenzimmer. Da-bei hält jeder sein „Namenschild" vor sich, deutlich lesbar für die Mitschüler. Welches Paar findet sich zuerst?

Paare, die sich gefunden haben, stellen sich nebeneinander vor der Tafel auf. Gemeinsam werden die Begriffe gelesen und ggf. noch ihr Zusammenhang erklärt.

Partnervermittlung

Alle Blätter werden nun durcheinander an die Tafel geheftet oder im Sitz-kreis auf den Boden gelegt. Abwechselnd darf jeder Schüler ein Paar „ver-mitteln". Er nennt die zusammengehörenden Partner und heftet die Namen nebeneinander an die Seitentafel. Abschließend werden die Begriffe noch einmal gelesen.

Übung/Stillarbeit

Nach der rechtschriftlichen Sicherung der Wörter wird von jedem Paar ein Partner entfernt. Die Schüler ergänzen beim Schreiben der Paare auf dem Block. Paare:

Bruder und...	Freund und...
Mann und...	Bauer und...
Tochter und ...	Oma und...
Tante und...	Prinz und...
König und...	Schüler und...
Braut und...	Mädchen und...

Lehrer und...   Arzt und...
Mutter und...   Schwiegersohn und...
Kellner und...   Enkel und...

Kontrolle durch Anheften der jeweiligen Blätter

Lärm stört (2–4)

LZ: – Erkennen, daß Lärm die Aufmerksamkeit erschwert und die Konzentration erheblich beeinträchtigt
– Benennen von Lärmquellen und Suchen nach Möglichkeiten zum Lärmschutz

Einstieg

Die Schüler werden in zwei Mannschaften geteilt. Der Lehrer schreibt ein beliebiges Gedicht von ca. 8–10 Zeilen an die Tafel. Er fordert die Schüler auf, es möglichst schnell auswendig zu lernen. Die Kinder dürfen es dabei laut vor sich hinsprechen und sich frei im Schulzimmer bewegen. Ggf. kann noch ein Radiogerät eingeschaltet werden.

Schüler, die meinen, das Gedicht auswendig zu können, kommen zum Lehrer. Sieger ist die Mannschaft, von der zuerst zwei Schüler das Gedicht auswendig aufsagen konnten.

Gespräch im Klassenverband

● Wie ist es mir beim Lernen des Gedichts ergangen? – *Erkenntnis:* Unruhe stört
● Ableitung für die Hausaufgabe: ruhiger, ungestörter Arbeitsplatz, keine zusätzliche Geräuschquelle!
● Welche ständigen Geräuschquellen stören im täglichen Leben? – Autos, Flugzeuge, Baustellenlärm...
● Welche Menschen brauchen Ruhe besonders dringend? – Alte, kranke Menschen; Menschen mit verantwortungsvollen Berufen (Ärzte, Konstrukteure...)
● Die Menschen schützen sich vor Lärm. – Lärmschutz auf der Autobahn durch Erdwälle, Tempobegrenzung... – Ohrenschützer für Arbeiter mit Preßlufthammer, an dröhnenden Maschinen... – Hinweisschilder auf Krankenhäuser, Schulen, Kindergärten; Hup-Verbot in Kurorten, geringe Fahrgeschwindigkeit (30 km/h) in Wohngebieten...

Auswertung

● Auch Lärm kann man messen. Wie geschieht das? Wer mißt?
● Können wir im Schulhaus und auf dem Schulgelände den Lärm verringern?

Vom Verhalten der „Schulhof-Kinder" (2–4)

LZ: – Nachdenken über das Verhalten gegenüber Mitschülern
     – Erkennen der Wechselwirkung des Verhaltens und Belegen mit eigenen Beispielen
     – Erstellen einer Vorschlagsliste für die „Schulhof-Kinder"

Einstieg
Gedicht:

Der Sperling und die Schulhof-Kinder

Ein Sperling, der von ungefähr
zu einem Schulhof kam,
erstaunte über das, was er
auf diesem Hof vernahm.

Ein Mädchen sprach zu Meiers Franz:
„Du alter Esel du!"
Da sprach der Franz: „Du dumme Gans,
bist eine blöde Kuh!"

Der Walter sprach zum dicken Klaus:
„Mach Platz, du fetter Ochs!"
Da rief der Klaus: „Du fade Laus,
paß auf, daß ich nicht box!"

Zum Peter sprach Beate nun:
„Du Affe, geh hier weg!"
Da rief der Peter: „Dummes Huhn,
ich weiche nicht vom Fleck!"

Der Sperling meint, er hört nicht recht.
Es tönte allenthalb:
„Du Schaf! Du Floh! Du blöder Hecht!
Du Hund! Du Schwein! Du Kalb!"

Der kleine Sperling staunte sehr.
Er sprach: „Es schien mir so,
als ob ich auf dem Schulhof wär;
doch bin ich wohl im Zoo!"

(aus: James Krüss, James' Tierleben. Annette Betz Verlag, München 1965)

Freie Schüleräußerungen

Erarbeitung
● Die „Schulhof-Kinder" machen Fehler.
● Wechselwirkung des Verhaltens. Wir suchen Gründe, warum sich die „Schulhof-Kinder" so verhalten.

- Welche Vorschläge könnten wir den „Schulhof-Kindern" machen? – Gespräch
- *Stillarbeit:* Aufstellen einer Vorschlagsliste
- Wir schreiben den „Schulhof-Kindern" einen Brief.
- Versuch einer Umgestaltung des Gedichts, z. B. 3. Strophe:

> Der Walter sprach zum dicken Klaus:
> „Laß mich doch bitte 'rein!"
> Da rief der Klaus: „Ja, bitte sehr,
> daß du mitspielst, find ich fein!"

Kleine Berufskunde (2–4)

LZ: – Herstellen von Beziehungen zwischen Berufen und den jeweiligen Handwerkszeugen
– Anfertigen eines einfachen Bilderlottos

Material: je Schüler ein Blatt vom Malblock und kräftiges Papier (4 × 4 cm)

Einstieg: Beruferaten

Jeder Schüler darf sich einen beliebigen Beruf auswählen und die entsprechende Arbeitsweise pantomimisch den Mitschülern vorspielen. Ein Maler wird sich vermutlich gleich ans Werk machen und die Schultafel neu streichen...

Schüler, die meinen, den gezeigten Beruf erraten zu haben, stehen auf. Der Spielführer wartet, bis mindestens die Hälfte der Klasse steht. Dann darf der Schüler, der zuerst aufgestanden ist, den vermuteten Beruf nennen. Hat er richtig geraten, stellt er gleich den nächsten Beruf vor.

TA: Der Lehrer notiert die Berufe an der Tafel.

Erarbeitung

Impuls:

- Jeder Beruf hat seine eigenen *Arbeitsweisen* und sein besonderes Handwerkszeug. – Schüler bringen ihr Vorwissen ein; sie erzählen von ihren Beobachtungen.
- Jedem Beruf wird das entsprechende *Handwerkszeug* zugeordnet: Ggf. wird die Liste ergänzt.

TA: Maler   – Pinsel
    Gärtner   – Gießkanne
    Koch   – Kochlöffel
    Lehrer   – Tafel
    Holzfäller   – Axt
    Mechaniker   – Schraubenzieher
    Doktor   – Stethoskop
    Schreiner   – Säge

82

Krankenschwester — Fieberthermometer
Bauer   — Traktor
Kellnerin   — Tablett
Feuerwehrmann   — Wasserschlauch
Jäger   — Flinte
Bäcker   — Backofen
Taxifahrer   — Taxi
Schmied   — Hammer, Amboß
Metzger   — Messer
Sekretärin   — Schreibmaschine
Elektriker   — Zange
Glaser   — Glasschneider
Schneider   — Schere
Maurer   — Kelle
Fotograf   — Fotoapparat
Musiker   — Geige
Fischer   — Netz

Anfertigen eines Bilderlottos

Vorbereitung: Jeder Schüler erhält ein Stück kräftiges Papier (ca. 4 × 4 cm), auf das er ein Handwerkszeug malt. Bitte, die Arbeit zuweisen, da sonst manche Gegenstände doppelt und andere gar nicht gezeichnet werden! Nun brauchen wir nur noch die Lotto-Grundkarten. Dazu zeichnet jeder Schüler auf sein Malblatt vier Felder zu je 4 × 4 cm.

Die gemalten Werkzeugkärtchen sammelt der Lehrer ein. Nun trägt jeder Schüler vier beliebige Berufsbezeichnungen in seine Lotto-Grundkarte ein.

Beispiel:

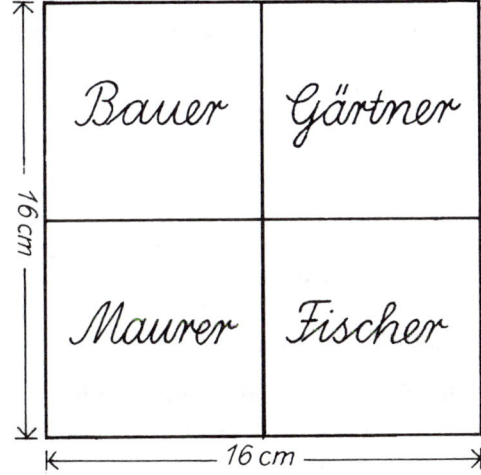

Spielverlauf

Der Lehrer mischt die Werkzeugkärtchen sorgfältig, zieht eines und zeigt es den Schülern. Diese kontrollieren auf ihrer Grundkarte, ob sie dieses Werkzeug zu einem der von ihnen ausgewählten Berufe brauchen. Paßt das Kärtchen, meldet sich der Schüler und begründet seinen Anspruch, z. B.

Ich brauche das Messer für meinen Metzger.

Stimmt die Zuordnung, deckt der Schüler mit dem Kärtchen „Messer" das Feld „Metzger" auf seiner Grundkarte ab. Gewonnen hat der Schüler, der als erster die Felder auf seiner Grundkarte abdecken konnte.

Anmerkung: Da vermutlich mehrere Schüler eine gleiche Berufsbezeichnung auf ihre Grundkarte eingetragen haben und nur der schnellste von ihnen die Abdeckkarte bekommt, kann auch ein Ergebnis mit drei abgedeckten Feldern schon den Sieg bedeuten!

Spiel mit der Heimatkarte (3/4)

LZ: — Auseinandersetzen mit der Kartendarstellung als Abbild der Wirklichkeit
    — Verstehen der Symbole auf der Heimatkarte
    — Finden von Orten, Flüssen, Seen, Bergen...

Material: Wandkarte und/oder Schülerkarten des Heimatraumes

Achtung: Wenn möglich, nur mit Schülergruppen bis max. 15 Kindern spielen!

Ein Schüler beginnt. Er sucht auf der Heimatkarte einen beliebigen Ort und nennt ihn laut. Die Mitschüler suchen auf der Karte. Wer den Ort zuerst gefunden und genannt hat, darf einen neuen Namen ansagen und zum Suchen auffordern, usw.

Variation: Das Spiel wird ohne Nennung eines Namens durchgeführt, die Lage des gesuchten Ortes wird umschrieben:
- Mein Ort liegt an einem Fluß (Name).
- In der Nähe ist ein großer See (Name).
- Zwei Hauptstraßen kreuzen sich in diesem Ort, usw.

Der Tastsinn (3/4)

LZ: — Erkennen, daß der Tastsinn in der Haut sitzt
    — Die Bedeutung des Tastsinns für den Menschen erfahren
    — Herstellen eines Tastlabyrinths

Empfindungen, die der Tastsinn an das Gehirn meldet

Wie wichtig der Tastsinn für den Menschen ist, erkennt man spätestens, wenn er eine heiße Herdplatte berührt.

Erkenntnis: Tastsinn meldet Schmerz = Gefahr.

Impuls: Der Tastsinn meldet noch mehr.

ggf. *Zusatz-Impuls:* Der Lehrer haucht den Finger eines Schülers an: Wärme – Der Lehrer hält den Finger eines Schülers unter kaltes, fließendes Wasser: Kälte. – Berührung: Druck.

Mit den Fingern lesen

Manche Menschen sind ganz besonders auf den Tastsinn angewiesen. Es sind Menschen, die nicht sehen können.

Impuls: Blinde helfen sich, indem sie mit den Fingern lesen. Wie ist das möglich? – Blindenschrift

Information: Für blinde Menschen gibt es ein besonderes Alphabet. Schon vor mehr als 100 Jahren wurde es von dem französischen Lehrer Louis Braille erfunden, der selbst als dreijähriges Kind erblindete. Jeder Buchstabe besteht aus Punkten in verschiedener Anordnung, die in das Papier geprägt sind. Der Blinde ertastet sie mit seinen Fingern.

Beispiel/TA:

A ⠁   H ⠓   Q ⠟

B ⠃   I ⠊   R ⠗

C ⠉   K ⠅   S ⠎

Auch du kannst mit den Fingern „sehen"

TA: Ein Labyrinth zum Tasten

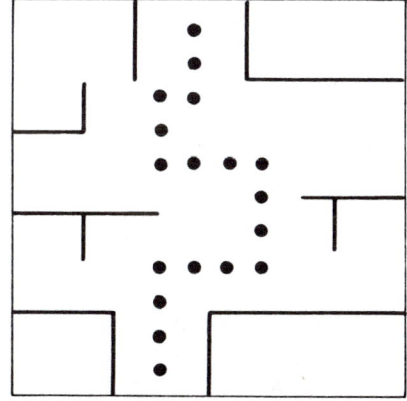

Der Lehrer klebt einen Weg mit kleinen Stückchen Kreppband oder Klebepunkten an die Tafel. Zugleich kann er ein kleines Labyrinth mit Kreide um diesen Weg zeichnen. Ein Schüler tastet mit verbundenen Augen den Weg nach. Die Mitschüler erkennen, daß der richtige Weg mit Hilfe des Tastsinns gefunden wurde.

Wir basteln ein Labyrinth zum Tasten
Jeder Schüler malt auf den Block ein Labyrinth. Nun wird der richtige Weg markiert, indem der Schüler mit spitzem Bleistift Tastpunkte in den Weg einprägt. Die Schüler kontrollieren ihr Labyrinth mit geschlossenen Augen. Sie tauschen untereinander die Labyrinthe aus.

Das Stuhl-Quiz (3/4)

LZ: Aktivierung von Allgemeinwissen der Schüler

Vorbereitung

Vor der Tafel stehen zwei Stühle — der „Ja-Stuhl" und der „Nein-Stuhl". Sicherheitshalber werden die Worte „ja" und „nein" mit Kreide auf die Lehnen geschrieben.
Die Schüler werden in zwei Gruppen geteilt. Alle erhalten Nummern, und zwar so, daß jede Nummer zweimal vorkommt: einmal bei Gruppe A und einmal bei Gruppe B.

Spiel

Der Lehrer stellt verschiedene wahre oder unwahre Behauptungen auf und nennt danach eine Nummer, z. B.

Die Spinne hat acht Beine — Nummer 5!

Beide Schüler, die die genannte Nummer tragen – in unserem Fall also die Nummer 5 – laufen so schnell wie möglich vor und versuchen den Platz auf dem Ja-Stuhl einzunehmen.

Derjenige, der zuerst auf dem richtigen (!) Stuhl sitzt, erhält einen Punkt für seine Gruppe. Es gewinnt die Gruppe, die nach etwa 15 Spielrunden die meisten Punkte hat. – Es können alle Sachgebiete abgefragt werden.

Mögliche Behauptungen:

- Die Maus legt Eier.
- Die Lärche ist ein Nadelbaum.
- Eine Dreiviertelstunde hat 45 Minuten.
- Ein Tag hat 22 Stunden.
- Die Erde kreist um den Mond.
- Die Erde ist größer als der Mond.
- Der höchste Berg Deutschlands heißt Zugspitze.
- Rom liegt in Amerika.
- Lerchen sind Bodenbrüter.
- Ein Magnet zieht nur Dinge an, die aus Eisen sind.
- Alle Metalle leiten die Elektrizität.
- Der Maulwurf lebt fast ständig im Wasser.
- Aus Kaulquappen werden Frösche.
- Der Kuckuck baut sein Nest in alten Buchen.
- Am 21. Juni ist der längste Tag und die kürzeste Nacht.

Begriffe raten (4)

LZ: – Wiederholung von möglichem Schülerwissen
     – Zweckmäßiger Umgang mit Nachschlagewerken

Dieses Spiel bringt außer Spaß auch noch Informationen aus verschiedenen Wissensgebieten und motiviert die Schüler, ein Lexikon in die Hand zu nehmen und darin zu lesen.

Material: ein einbändiges Lexikon (Jugendlexikon), besser aber für jede Schülergruppe ein Exemplar

Die Schüler werden in drei gleichstarke Gruppen geteilt. Jede Gruppe erhält ein Lexikon. Gemeinsam suchen die Schüler jeder Gruppe einen Begriff heraus, von dem sie annehmen, daß ihn die Mitspieler erraten werden. Nun liest ein Schüler der Gruppe A die Erklärung vor, vermeidet aber den Begriff; falls er vorkommt, wird er mit einem Ersatzwort umgangen, z. B. „Dings".

Beispiel:

Ein Schüler liest vor:

    Die Dings ist ein Nachtschattengewächs, die aus Mittel- und Südamerika stammt. Die Dings ist eine Kulturpflanze, die der Kartoffel ähnlich ist.

Die roten, saftigen Früchte enthalten Zucker, Vitamin und Carotin. Die Dings ist wärmeliebend und empfindlich gegen niedrige Temperaturen. Als Nahrungsmittel fand die Dings in unserem Jahrhundert große Verbreitung.

Die Schüler der Gruppen B und C raten, um welches „Dings" es sich handelt. Wer den Begriff − in unserem Falle „Tomate" − zuerst nennt, dessen Gruppe erhält einen Punkt. Nun liest die Gruppe B ihren Begriff vor und die Gruppen A und C raten.

Kennst du diese Länder (4)

LZ: − Aktivierung des Vorwissens
   − Finden der richtigen Ländernamen
   − Finden der Länder auf der Europakarte

Material: für jeden Schüler Block, Bleistift; Wandkarte Europa

TA: Deutsch/gal
   Portu/land
   Eng/reich
   Frank/burg
   Öster/land
   Luxem/garn
   Finn/reich
   Sowjet/slawien
   Un/land
   Griechen/union
   Jugo/land

Nach der Erkenntnis, daß „hier etwas nicht stimmt", sollen die Schüler in Partnerarbeit die richtigen Namen der Staaten zusammenfinden und auf den Block schreiben.

Nach der Kontrolle suchen wir die Lage der einzelnen Staaten auf der Europakarte.

Werken

Faltarbeiten

Faltarbeiten sind für Kinder nicht nur ein Vergnügen und bringen ein schnelles Erfolgserlebnis; Faltarbeiten haben auch den Vorteil, daß sie ideal in Vertretungsstunden einsetzbar sind. Sie beanspruchen nicht viel Zeit und das Material dafür haben alle Kinder in der Schultasche.

Tip: Wenn Sie noch ein bißchen Zeit vor der Stunde haben, dann probieren Sie die Faltarbeit selbst aus!

Namenschilder (1–4)

Material: weißes Papier (besser wäre hellgrundiges Tonpapier), Filzstift, Schere

Das Namenschild besteht aus einem gefalteten Papierständer und einem Namenkärtchen von etwa 10 × 6 cm.

Arbeitsschritte

1. Jeder Schüler bekommt einen Streifen weißes Papier (⅓ einer DIN-A4-Seite).
2. Das Papier wird nach Ziehharmonikaart in etwa zwei Zentimeter breite Streifen gefaltet.
3. Die Ziehharmonika wird zusammengedrückt und in der Mitte von oben her zu ⅔ eingeschnitten.
4. Der Ständer wird aufgestellt und das Namenkärtchen zur Probe hineingesteckt:

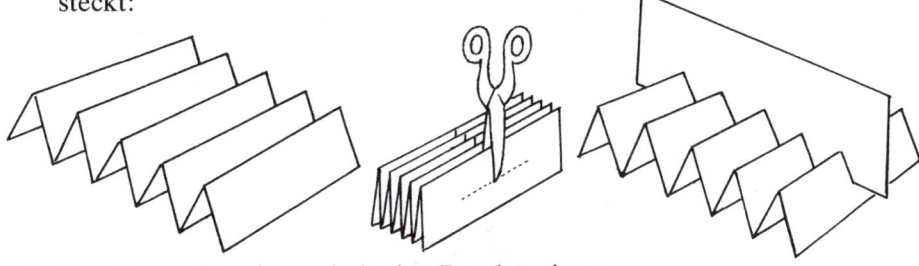

5. Das Namenkärtchen erhält eine Randverzierung.

6. Der Vorname wird dick mit Filzstift auf das Kärtchen geschrieben. Bitte, zuvor mit Bleistift aufzeichnen lassen, damit der Name auch wirklich gleichmäßig Platz auf dem Kärtchen findet!

89

7. Das Namenkärtchen wird in den Papierständer gesteckt.
8. Besprechung der Ergebnisse

Puzzle-Bilder (1–4)

Material: je Schüler ein quadratisches Blatt Papier, Filz- oder Buntstifte, Lineal

Die Schüler dürfen beliebige Bilder auf das Papier malen. Wichtig ist dabei, daß die Bilder das Papier füllen und wenig weißer Raum übrigbleibt.

Sind die Bilder fertig, wird das Papier umgedreht. Auf die Rückseite wird mit schwarzem Stift und Lineal das Quadrat in acht Teile unterteilt:

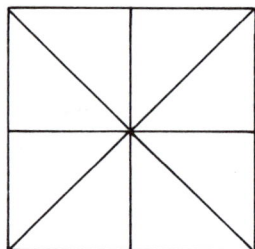

Für schwächere Schüler empfiehlt es sich, auf der Bildvorderseite einen Rahmen mit dickem schwarzen Stift zu zeichnen. Der Rahmen erleichtert später das Zusammensetzen des Puzzles. Jetzt werden die Bilder entsprechend der aufgezeichneten Linien in acht Felder zerschnitten, diese gemischt und zusammengesetzt. Wenn noch genügend Zeit bleibt, werden die Puzzles ausgetauscht, und jeder stellt das Bild eines Mitschülers wieder her.

(nach einer Kinderzeichnung; Catrin, 8 Jahre)

90

Schwarzweißbilder (1–4)

Material: je Schüler ein weißes Blatt Papier, ¼ Blatt schwarzes Kopierpapier (Deckel des Kopiergerätes offen lassen!), Schere, Klebstoff

LZ: Die Schüler sollen das schwarze Papierrechteck in unregelmäßige Streifen schneiden und diese so auf das weiße Papier kleben, daß die rechteckige Grundform ersichtlich bleibt.

Arbeitsschritte
1. *Erklärung der Grundidee*
2. *Aufmalen der Streifen* auf der Rückseite des schwarzen Papiers. Ggf. Korrektur vornehmen!
3. *Arbeitsversuch:* Schneiden der unregelmäßigen Streifen
4. *Auflegen der Streifen* in Abständen auf das weiße Papier
5. *Individuelle Hilfestellung* (gleichmäßige Abstände der Streifen!)
6. *Ankleben.* Achten auf die rechteckige Grundform!
7. *Besprechen der Ergebnisse.* Möglichkeiten zur Abwandlung.

Blume aus Papierstreifen (Halbplastik) (1/2)

Material: weißes Zeichenpapier, Schere, Klebstoff. Je Kind ein Blatt schwarzes Papier. Man erhält es, wenn man den Deckel des Fotokopiergeräts offen läßt, während die Blätter durchlaufen!

Arbeitsschritte
1. Jeder Schüler faltet ein weißes DIN-A5-Papier quer in acht gleichbreite Streifen. Der zusammengefaltete Streifen wird nochmals quer gefaltet, um die Mitte festzustellen.
2. Auf die eine Hälfte wird ein Blütenblatt gezeichnet.
3. Dieses wird ausgeschnitten, so daß sich acht Blütenblätter ergeben. Aus dem Rest wird der Stiel zurechtgeschnitten.
4. Die Teile der Blume werden aneinandergelegt, damit noch kleine Korrekturen vorgenommen werden können.
5. Sie werden dann auf dem schwarzen Papier angeordnet und festgeklebt. Dabei wird von unten nach oben verfahren.

6. Die Ergebnisse werden gezeigt, verglichen und besprochen.
7. Ist noch Zeit zum Bemalen, können die Blumen mit Filzstiften eingefärbt werden.

Himmel und Hölle (2–4)

Material: je Schüler ein Blatt ca. 20 × 20 cm, blauer und roter Farbstift

Dieses Spiel tritt immer wogenartig auf, schlägt wild um sich, daß kein Kind mehr ohne „Himmel und Hölle" sein kann, und verschwindet wieder sang- und klanglos. Daher vermute ich, daß Sie und auch die Schüler ein „Himmel-und-Hölle-Spiel" schon im Schlaf falten können. Für alle bislang aber Verschonten, hier die

Anleitung

Jeder Schüler braucht ein quadratisches Blatt Papier, ca. 20 × 20 cm. Das Blatt wird einmal in der Mitte gefaltet, wieder geöffnet, in der anderen Richtung gefaltet, wieder geöffnet und noch zweimal der Diagonale entlang gefaltet. Wird es jetzt wieder aufgeklappt, sehen wir vier Faltlinien (1).

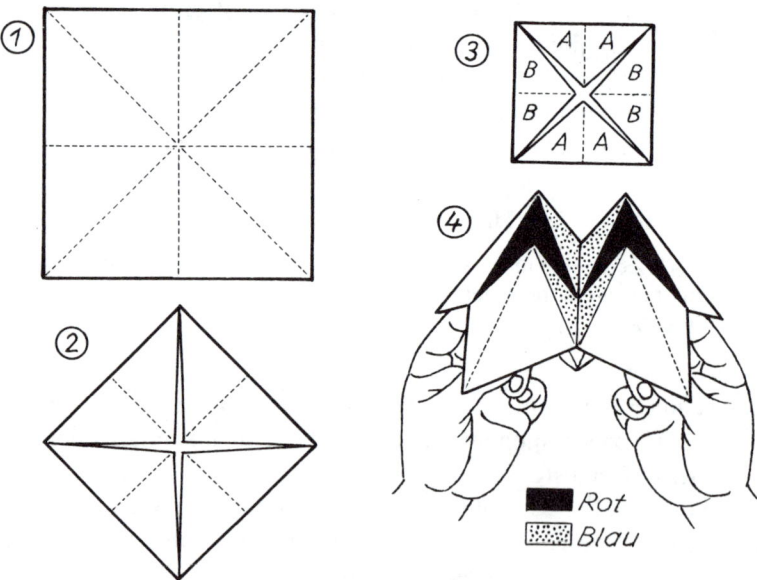

Nun wird jede Ecke des Quadrats zur Mitte hin gefaltet. (2) Die Arbeit wird umgedreht, so daß die Unterseite nun oben liegt. Wieder werden alle Ecken zur Mitte gefaltet (3). Jetzt werden die Dreiecke A/A mit „Himmel", die

92

Dreiecke B/B mit „Hölle" beschriftet oder blau bzw. rot ausgemalt. Die Figur wird wieder umgedreht, und mit Zeigefinger und Daumen beider Hände fährt man jetzt unter die abstehenden Papierspitzen (4). Nun kann man das Spiel mit den Fingern in zwei Richtungen – nämlich „Himmel" und „Hölle" – beliebig öffnen und schließen.

Anwendung im Spiel
Der Mitspieler wird aufgefordert: „Himmel oder Hölle?" Der Gefragte zeigt auf eine Spalte des Spiels. Sie wird geöffnet, und so erfährt der Spieler, wo er einstmals landen wird: im Himmel oder in der Hölle.
Tip: Wer ganz gemein sein will, schreibt auf alle Dreiecke „Hölle" oder malt sie alle rot aus.

Kooperatives Flugzeug-Golfspiel (2–4)
Material: je Schüler DIN-A4-Blatt, Bleistift, Schere

Zuerst stellt jeder Schüler ein Flugzeug nach folgendem Schema her:

Vorbereitung
Jedes Kind braucht ein Blatt Papier im DIN-A4-Format. Es wird der Länge nach gefaltet (1), dann die halbe Flugzeugform mit Bleistift aufgemalt und ausgeschnitten (2). Nun auseinanderfalten (3), den vorderen Streifen ganz eng zusammenrollen und am Flugzeug festkleben (4). Jetzt wird der Gleiter in aerodynamische Flugform geknickt (5) und aus der erhobenen Hand auf seine erste Flugreise geschickt.

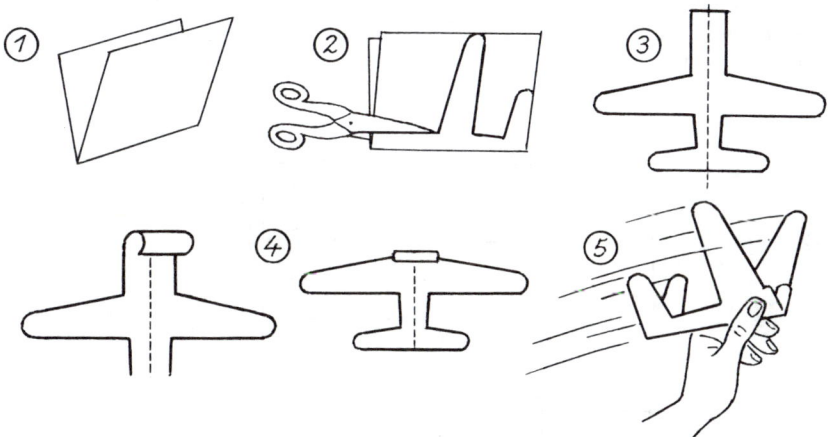

Spielverlauf

Danach gehen wir auf den Pausenhof und spielen Flugzeug-Golf. Dazu stehen alle Kinder mit ihren Flugzeugen an der Startlinie. Der erste Schüler startet sein Flugzeug. Alle warten, bis es gelandet ist. Jetzt spurtet die Schülerschar zum Landeplatz. Der erste Flieger wird aus dem (Flug)-Verkehr gezogen, und ein anderer Schüler startet sein Flugzeug vom Landeplatz des ersten Fliegers aus. Auf diese Weise darf jeder Flugzeugbauer zeigen, was seine „Maschine" vermag. Gewertet wird aber nur die gemeinsam mit allen Flugzeugen zurückgelegte Strecke. Diese Stelle, an der der letzte Flieger landet, wird markiert. Jetzt laufen alle wieder zur Startlinie zurück und spielen das ganze Spiel nochmal, diesmal mit dem Ziel, die Flugstrecke der ersten Spielrunde zu übertreffen.

Tip: Manchmal kommt es vor, daß die Nase für den Gleiter zu schwer ist. In diesem Fall wird ein Stückchen des Papierstreifens abgeschnitten, der Streifen wieder eng zusammengerollt und der Flug noch einmal probiert!

Geflochtene Herzen (3/4)

Material: Buntpapier oder je Schüler ein halbes DIN-A4-Blatt weiß und ein halbes DIN-A4-Blatt schwarz; Scheren, Klebstoff

Vorbereitung

Jeder Schüler schneidet aus beiden Blättern (oder aus zwei verschiedenfarbigen Buntpapieren) je ein Rechteck von etwa 6 × 20 cm aus.

Arbeitsschritte

1. Die Rechtecke werden in der Breite einmal gefaltet (6 × 10 cm). Vom Bruch her wird im Abstand von 1 cm 5mal eingeschnitten bis zu einem Rand von 3.5 cm.

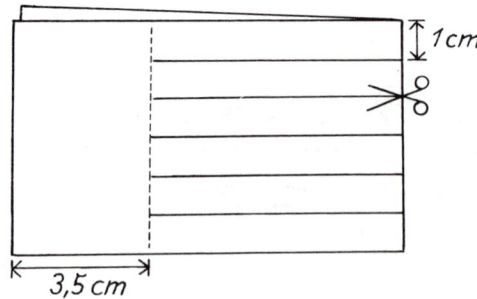

2. An der offenen Schmalseite wird über die Einschnitte ein Halbkreis gezeichnet und ausgeschnitten. Aufgefaltet sieht ein Streifen so aus:

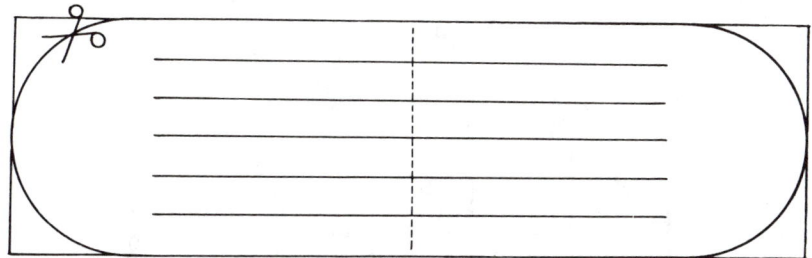

3. Nun werden die Streifen ineinandergeflochten: Dazu legt man beide Faltstücke senkrecht aneinander und flicht Streifen für Streifen ineinander.

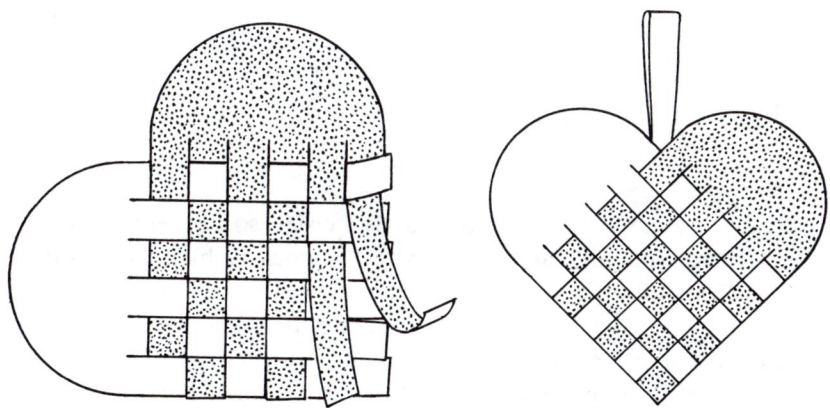

4. Es ist ratsam, die losen Enden dem Rand entlang mit einem Pünktchen Klebstoff zu verbinden. Ein doppelter Papierstreifen wird als Aufhänger an die Herzmitte geklebt.

Anmerkung: Die geflochtenen Herzen sehen, aus glänzender Metallfolie gefertigt, natürlich noch hübscher aus. Aber es geht hier in erster Linie darum, den Schülern die Arbeitstechnik zu vermitteln.

Das Klassendorf aus Papier (3/4)

Material: Papier, ggf. Bunt- oder Tonpapier, Klebstoff, Scheren

Gemeinsam ein Dorf zu gründen, und sei es auch nur aus Papier, stärkt das „Wir-Gefühl", regt Phantasie und Kreativität an und macht den Kindern viel Spaß.

Viereckhäuser aus Papier

Jedes Kind braucht ein quadratisches Stück Papier. Durch mehrmaliges Falten wird es in 16 Felder unterteilt. Nun schneidet man an zwei gegenüberliegenden Seiten je 3mal bis zur ersten Faltlinie ein.

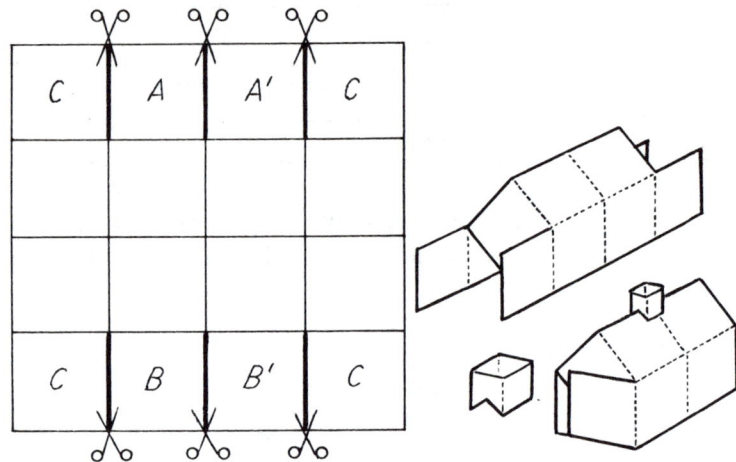

Die Quadrate A und A' sowie B und B' werden so übereinandergeklebt, daß sie beide zu einem Quadrat schließen. Die noch verbleibende Mittellinie bildet den Giebel des Hauses. Nun werden die mit C bezeichneten Felder so übereinandergelegt, daß senkrechte Wände des Hauses entstehen. So schwierig das klingt, keine Angst! Es geht ganz einfach!

In die Hauswände können vor dem Zusammenkleben Fenster und Türen eingeschnitten oder mit Buntstiften aufgemalt werden.

Rundhäuser aus Papier

Die Rundhäuser bestehen aus einem zylindrischen Hausteil und einem kegelförmigen Dach.

Die Schüler brauchen verschieden große rechteckige Blätter (ggf. auch nur Streifen und kleben sie ringförmig zusammen. Für das Dach wird mittels einer runden Form (Tasse, Blumentopf...) ein Kreis mit größerem Durchmesser aufgezeichnet und ausgeschnitten. Je nach der beabsichtigten Höhe des Daches schneidet man ein Kreissegment (ca. 90°) aus. Individuelle Unterstützung durch den Lehrer ist hierbei erforderlich. Das Dach wird zusammengeklebt und auf den zylindrischen Unterbau gesetzt.

Wieder verschönern Fenster (eventuell mit Rundbögen) und eine Tür das Haus.

Palmen aus Papier

Ein DIN-A4-Blatt wird der Breite nach eingerollt und zusammengeklebt. Von einer Längsseite her wird nun möglichst oft etwa ⅓ der Baumlänge eingeschnitten. Ist das getan, biegen sich die Papieräste nach außen.

Der Geldbeutel des Zauberers La-ri-rum (3/4)

Material: Blatt Papier 20 × 10 cm

Da der Zauberer La-ri-rum bekanntlich ein wohlhabender Mann war, kann man schon ahnen, daß es mit diesem Zaubergeldbeutel eine besondere Bewandtnis hat. Aber zuerst die (Falt)-Arbeit!

Arbeitsschritte

1. Jeder Schüler braucht ein rechteckiges Blatt Papier, dessen Breite genau halb so groß ist wie die Länge. Das Blatt wird quer auf den Tisch gelegt und die breite Seite einmal geknifft (1).

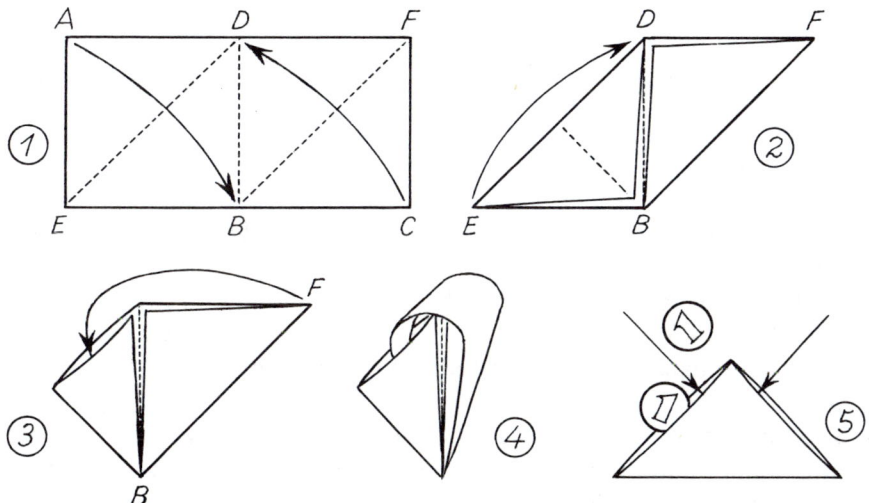

2. Dann wird es wieder ausgebreitet. Die Ecke A wird zum Punkt B hinunter-, die Ecke C zum Punkt D hinaufgefaltet (2).
3. Der nächste Arbeitsschritt besteht darin, die Ecke E zum Punkt D hinaufzufalten. Nun wird das große rechte Dreieck (B, C, F) nach links gefaltet, wobei die gestrichelte Linie zur neuen Kante wird (3).
4. Und nun der letzte Arbeitsschritt: Die Spitze F wird um das mehrfach gefaltete Dreieck herumgeschlagen, jedoch so, daß sie in der Tasche des Dreiecks verschwindet (4).

Der Geldbeutel des Zauberers ist fertig und kann seiner nicht ganz ehrlichen Arbeit nachgehen (5).

Zauberspiel

Der Zauberer steht vor den Zuschauern und beschreibt wortreich das segensreiche Wirken seines Geldbeutels. Dabei hält der Zauberer den Geldbeutel wie eine Tüte in der Hand, die Öffnung zeigt nach oben. Ein Freiwilliger (der Lehrer natürlich!) steckt eine Münze in den Geldbeutel. Sofort murmelt der Zauberer seine Beschwörungsformel, dreht dabei den Geldbeutel in der Hand, reibt an ihm herum und öffnet ihn schließlich vor den Augen des Publikums – und tatsächlich: die Münze ist verschwunden.
Wer's nicht glaubt, kann das Ganze gerne nochmal erleben, vorausgesetzt er läßt eine Münze „springen". Die Münzen können beliebig oft weg- und hergezaubert werden. Wichtig ist nur, daß der Zauberer sein Handwerk versteht und niemand auf die Spur der zweiten Öffnung kommt.

Wir falten einen Wasserkochtopf (3/4)

Material: quadratisches Blatt Papier (ca. 15×15 cm)

Daß man aus einem selbstgefalteten Papierbecher trinken kann, wissen viele; daß man darin aber Wasser auch kochen kann, bringt alle in Erstaunen. Aber der Reihe nach:

Arbeitsschritte

1. Zuerst brauchen wir den „Kochtopf". Dazu wird ein quadratisches Stück ganz normales Papier an der Diagonalen gefaltet (1), so daß ein Dreieck entsteht.
2. Dann wird die rechte Ecke C an die gegenüberliegende Seite gefaltet.
3. Das Werkstück wird nun umgedreht, so daß die Unterseite oben liegt. Jetzt faltet man wieder die rechte Ecke (B) zur gegenüberliegenden Ecke (4).
4. Die hochstehenden dreieckigen Spitzen werden nach vorne und hinten umgeklappt und in die bei den letzten Faltungen entstandenen Taschen gesteckt (5). Das kleine Wassertöpfchen ist fertig (6).

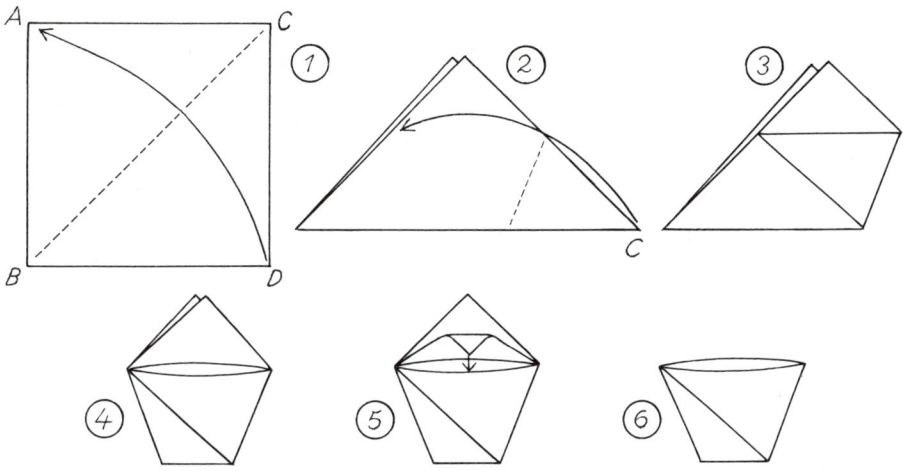

Experiment

Und nun wird's spannend. Wir gießen in das Töpfchen etwas Wasser und halten es über die Flamme einer Kerze. Was geschieht? Das Wasser wird heiß und beginnt zu kochen. Aber Vorsicht: Sobald das Wasser im Becher verdampft ist, fängt der Wasserkessel Feuer! Bitte, machen Sie die Schüler auf die Gefährlichkeit dieses Versuchs aufmerksam! Nicht ohne Beisein eines Erwachsenen durchführen!

Im Land der Papiersaurier (3/4)

Material: Papier, Schere, Klebstoff

Wer will, kann sich zuerst einen kleinen Vorrat an Papierrollen in unterschiedlichen Größen kleben und dann frei nach Phantasie diese Röhren zu einem Flügelsaurier, einem „Faltröhrling" oder zu einem gepanzerten „Stoßzahnfalter" zusammenkleben.

Das Gestalterische selbst wird erst beim Zusammenbauen geweckt. Dabei kommen auch die phantasievollsten Ausschmückungsideen. Manche Tiere erhalten noch fransenähnliche Mähnen, oder es werden viele kleine Röhren zu einem abschreckenden Rückenpanzer aufgeklebt.

Damit diese Tiere gut stehen, bedarf es manchmal einigen Fingerspitzengefühls und nicht selten eines Umbaus des Tierkörpers.

Individuelle Hilfestellungen sind laufend notwendig!

Papier-Reißarbeit (3/4)

Material: alte Illustrierte oder Zeitungen (im Lehrerzimmer liegen sicherlich Prospekte/Werbematerial), weißes Papier, Klebstoff

Vorbereitung

Jeder Schüler bekommt einige Seiten buntbedrucktes Illustrierten- oder Zeitungspapier.

Themen: Ein Laubbaum im Herbst — Segelschiff (Piratenschiff!) — Phantasiesaurier — Blumen in der Vase

Arbeitsschritte

1. Das Bild wird mit Bleistift auf weißem Papier skizziert.
2. Die Schüler reißen einen kleinen Vorrat Papierschnipsel in verschiedenen Farben.
3. Große Flächen werden ausgerissen und aufgeklebt, z. B. Stamm und Äste eines Baumes.
4. Papierschnipsel aufkleben, z. B. Blätter des Baumes, Schiffsplanken, Schuppenpanzer des Sauriers, Blütenblätter
5. Dem Bild Schwung geben, z. B. beim Thema „Laubbaum im Herbst" einige Blätter durch die Luft wirbeln lassen
6. Individuelle Hilfestellung, ggf. Korrekturen durchführen. Die Papierschnipsel können auch übereinandergeklebt werden!
7. Gemeinsames Besprechen der Ergebnisse

Harlekin aus Hexentreppen (3/4)

Material: Papier, Lineal, Bleistift, Klebstoff

Arbeitsschritte

Falten der Hexentreppen

1. Das Papier (DIN A4) der Länge nach in 2 cm breite Streifen einteilen (Lineal und Bleistift)
2. Die Streifen ausschneiden
3. Je zwei Streifen werden im 90°-Winkel aneinandergeklebt.
4. Nun werden die Streifen abwechselnd über die Klebestelle geschlagen und geknifft.
5. Das Treppenende wird festgeklebt.

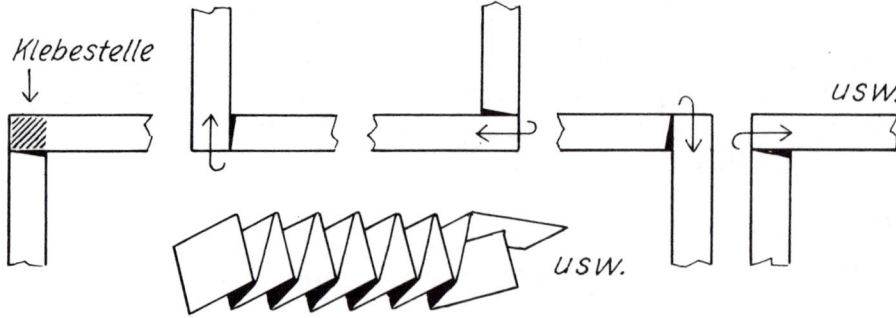

Zusammensetzen der Figur

Für einen Harlekin braucht man eine Treppe als Körper, zwei lange Treppen als Beine und zwei Treppen als Arme.

Eine schmale Hexentreppe biegen wir zu einem Ring und verkleben ihn. Er wird die Halskrause des Harlekins. Für den Kopf drehen wir einen Papierstreifen zu einer Rolle und kleben das Ende fest. Halskrause und Kopf werden am Körper befestigt.

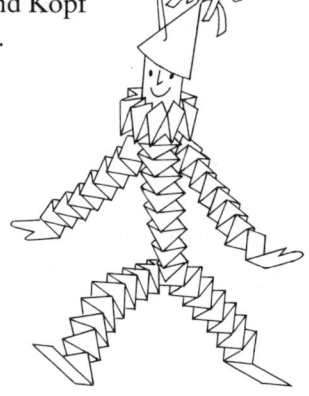

Ausschmücken der Figur

Nun braucht der Harlekin noch eine Mütze. Dazu drehen wir einen Dreiviertel-Papierkreis zu einer spitzen Tüte und befestigen sie auf dem Kopf. Wer will, kann dem Harlekin noch einen Fransenumhang schneiden oder ihm ein fransiges Papierröckchen „anziehen".

Durch die Mütze des Harlekins ziehen wir einen Faden, an dem wir ihn gut tragen und mit ihm kleine Szenen vorspielen können.

Blühende Papierrosen (3/4)

Material: je Schüler ein quadratisches Blatt Zeichenpapier, Schere, Schale mit Wasser

Jeder Schüler zeichnet auf das Papier eine Blüte: einen Blütenboden und Blütenblätter. Die Oberseite wird mit Buntstiften bemalt. (1) Nun wird die Blüte ausgeschnitten, ihre Blütenblätter werden fest nach innen gefaltet. Schließlich wird die geschlossene Blüte ins Wasser gelegt und beobachtet. (2) Was passiert? Das Papier quillt auf, und die Blütenblätter öffnen sich wie beim Erblühen einer echten Blüte. (3)

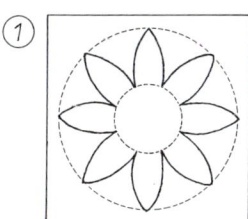
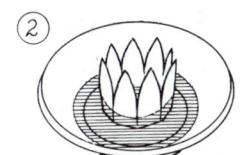

Charakterköpfe (4)

Material: je Schüler ein Blatt schwarzes Papier DIN A4 (durch den Kopierer bei offenem Deckel laufen lassen), 2 weiße Blätter; Schere, Klebstoff

Diese Vertretungsstunde macht den Schülern großen Spaß, und Spaß sollte auch im Mittelpunkt stehen — also keine großen Erwartungen! Die Scherenschnitte werden selten bildnerisch wertvoll, dafür aber Anlaß zum Lachen sein.

Zuerst teilen die Schüler ihre schwarzen Blätter in zwei Teile, damit jeder zweimal sein Talent ausprobieren kann. Immer zwei Tischnachbarn arbeiten zusammen. Die Partner vereinbaren, wer zuerst der „Schneider" ist, der andere steht zunächst Modell.

Nun geht's an die Arbeit. Das Modell setzt sich so, daß der „Künstler" den Kopf seines Partners von der Seite sehen und sich dessen Profil genau einprägen kann. Dann beginnt er, es aus dem schwarzen Papier nachzuschneiden. Was dabei alles herauskommt! Die fertigen Scherenschnitte (DIN A5) werden auf weißes DIN-A4-Papier geklebt, mit Namen versehen und aufgehängt.

Papiervögelchen (Vollplastik) (4)

Material: weißes Papier, Schere, Klebstoff; Lineal, Bleistift

Arbeitsschritte

1. Die Schüler zeichnen auf ein DIN-A4-Blatt zwei 5 cm breite Streifen über die ganze Breite des Blattes (für Körper und Schwanz), einen 5 cm breiten, nur 15 cm langen Streifen (für den Kopf) und zwei 5 cm breite und 8 cm lange Streifen (für Auge und Schnabel).

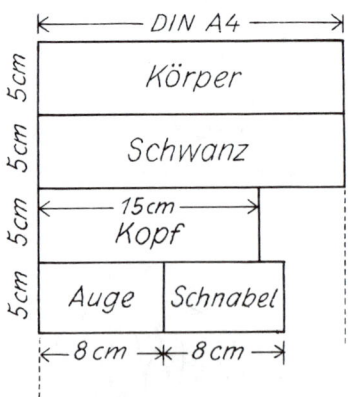

2. Die *Papierstreifen* werden ausgeschnitten.

102

3. Der *Körperstreifen* wird zur Rolle geformt und zusammengeklebt.
4. Der *Kopfstreifen* wird zur Rolle geformt, zusammengeklebt und mit Klebstoff an der Körperrolle befestigt.
5. Der *Schwanzstreifen* wird unter dem Hals angeklebt, den Bauch entlanggezogen und am Körper festgeklebt.
6. Der abstehende Schwanz wird zu schmalen Streifen eingeschnitten.

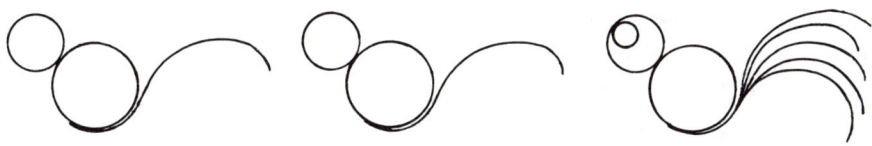

7. Der kurze *Augenstreifen* wird zur Rolle geformt, zusammengeklebt und an der Kopfrolle angeklebt.
8. Der *Schnabelstreifen* wird zu einem „W" gefaltet und geschlossen am Kopf angeklebt.

9. Die Vögel können an dünnen Fäden aufgehängt werden.

Variation: Der Schnabel kann ganz einfach geöffnet werden, wenn man die Schnabelspitze aufschneidet.

Auch kann man dem Vogel einen Kamm aufsetzen. Dazu schneidet man die Form wie in der Abb. mit einem 1 cm langen Steg aus. Der Kopf wird oben eingeschnitten, der Kamm eingeschoben; der Steg wird in der Mitte aufgeschnitten, die eine Hälfte nach links, die andere nach rechts geklappt und im Kopfinneren angeklebt.

Musikerziehung

Das Liederquiz (1)

Die Kinder arbeiten in Partnergruppen zusammen. Zuerst überlegen sie sich ein Lied, das vermutlich alle Mitschüler kennen und das sich pantomimisch darstellen läßt. Der Ausdruck „pantomimisch – Pantomime" muß besprochen und erklärt werden. Ggf. werden voraus kurze Szenen (Berufe) pantomimisch vorgespielt – die Schüler raten, was dargestellt wurde.

Haben alle Partner ihr Lied gefunden, beraten sie kurz, wie sie das Lied ohne Worte darstellen wollen. Sie treten gemeinsam vor die Klasse und versuchen, ihr Lied durch Geste und Mimik mitzuteilen. Wer von den Zuschauern meint, es erkannt zu haben, darf es singen. Stimmt es, singen auch die Schauspieler und dann alle Kinder mit.

Lieder, die sich zum Darstellen gut eignen:

- Fuchs, du hast die Gans gestohlen
- Hänschen klein, ging allein
- Spannenlanger Hansl, nudeldicke Dirn
- Häschen in der Grube
- Ein Vogel wollte Hochzeit machen
- Brüderchen, komm tanz mit mir
- Ich geh mit meiner Laterne
- Schlaf, Kindchen, schlaf!

Das Selbstlaut-Umlaut-Lied (1)

Das Lied der drei Chinesen kennt wahrscheinlich jedes Kind. Es macht besonders den Erstkläßlern immer wieder Spaß. Zudem hat es den Vorteil, daß die Schüler die Selbst- und Umlaute bewußt unterscheiden.

Die erste Strophe wird noch ganz normal mit richtigem Text gesungen. Dann aber ändert sich der Grund-Selbstlaut von Strophe zu Strophe, z.B.

Dra Chanasan mat dam Kantrabaß...

oder

Dri Chinisin mit dim Kintribiß...

Sind alle Selbstlaute auf diese Weise benutzt worden, kommen noch die Umlaute dazu, z.B.

Drö Chönösön möt döm Köntröböß...

oder, besonders lustig, die Doppellaute, z.B.

Drau Chaunausaun maut daum Kauntraubauß...

Wer will fleißige Handwerker sehn? (1)

Einstieg

Beruferaten – Pantomime
Die Schüler dürfen beliebige Berufe pantomimisch darstellen, die Mitschüler raten, um welche Berufe es sich handelt.

Erarbeitung

Die Schüler stehen im Kreis.

2.–6. Ⓐ Wer will fleißige Handwerker sehn,
  ei, der muß zu uns hergehn...

2. O wie fein, o wie fein,
  der Glaser setzt die Scheiben ein.

3. Tauchet ein, tauchet ein,
  der Maler streicht die Wände fein.

4. Zisch, zisch, zisch, zisch, zisch, zisch,
   der Tischler hobelt glatt den Tisch.

5. Trapp, trapp, drein, trapp, trapp, drein,
   jetzt gehn wir von der Arbeit heim.

6. Hopp, hopp, hopp, hopp, hopp, hopp,
   jetzt tanzen alle im Galopp.

1. *Vorsingen des Teils A durch den Lehrer.* Schüler, die das Lied kennen, begleiten
   Einführen der Bewegung: „Stein auf Stein". ...Alle Kinder singen den Refrain und setzen Steine.
2. *Vorsingen der ersten Strophe.* Schüler begleiten das ganze Lied.
3. *Gemeinsames Singen der Strophen.* Begleitende *TA:* Symbole für die jeweiligen Berufe

Strophe 2–4: Singen Teil A mit Taktklatschen und sich zu Teil B bewegen: Glas schneiden, Wand streichen, Brett hobeln
Strophe 5: Die Arbeit ist fertig – was machen wir nun? „Jetzt gehn wir von der Arbeit heim." Im Teil B mit festen Schritten gehen – Trapp, trapp, trapp – und zum Kreis zusammenfinden.
Strophe 6: Wir freuen uns, daß wir wieder zu Hause sind; im Teil B singen und „tanzen im Galopp", der mehrmals wiederholt wird.
4. *Wiederholung des Liedes* mit allen Strophen. Die Schüler führen begleitende Bewegungen aus.

Liederklatschen (1/2)
Der Lehrer klatscht ein Lied vor, z. B. „Hänschen klein..." Sobald ein Schüler das Lied errät, klatscht er mit. Hat mehr als die Hälfte der Klasse das Lied erraten, darf der Schüler, der es zuerst erkannte, Titel oder Text sagen. Nun wird das Lied gemeinsam gesungen. Wer traut sich, ein neues Lied vorzuklatschen? Spielverlauf wie oben. Ggf. muß der Lehrer mitklatschen, um den Rhythmus zu halten.

Lieder, die sich zum Klatschen eignen:

- Winter ade
- In Mutters Stübele
- Alle Vögel sind schon da
- Zum Geburtstag viel Glück
- Der Kuckuck und der Esel
- Ein Männlein steht im Walde
- Ihr Kinderlein kommet
- Weißt du, wieviel Sternlein stehen?

Die Affen rasen durch den Wald... (1–4)

Dieses Lied kommt erfahrungsgemäß bei Grundschülern gut an. Den Text brauchen sie gar nicht auswendig zu lernen, es reicht, wenn der Lehrer für jede Strophe ein paar Stichwörter an die Tafel schreibt, z.B.

2. Strophe: Affenmama – Fluß – angelt

Die Strophen prägen sich den Kindern schnell ein. Wenn andere Klassen dadurch nicht gestört werden, können die Schüler auf Tisch oder Schultasche den Takt mittrommeln.

Die Affen rasen durch den Wald

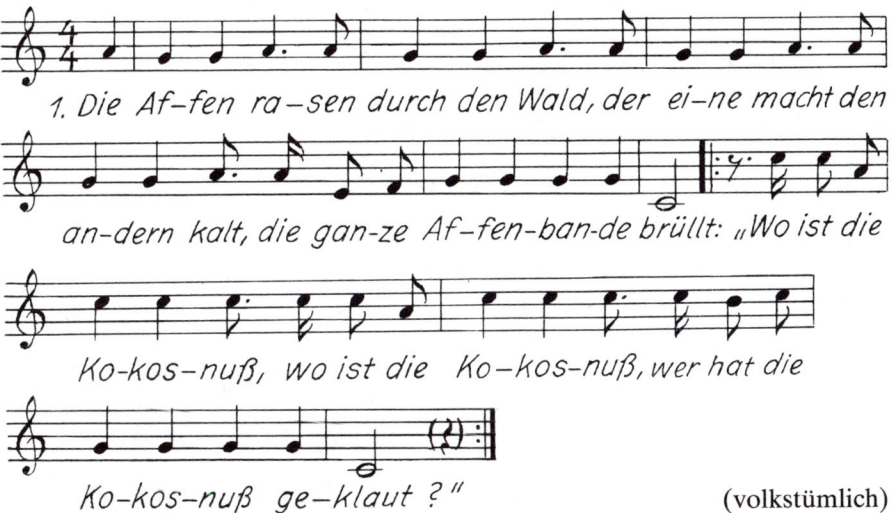

1. Die Af-fen ra-sen durch den Wald, der ei-ne macht den an-dern kalt, die gan-ze Af-fen-ban-de brüllt: „Wo ist die Ko-kos-nuß, wo ist die Ko-kos-nuß, wer hat die Ko-kos-nuß ge-klaut?"

(volkstümlich)

2. Die Affenmama sitzt am Fluß und angelt nach der Kokosnuß, die ganze...

3. Der Affenonkel, welch ein Graus, reißt ganze Urwaldbäume aus, die ganze...

4. Die Affentante kommt von fern, sie ißt die Kokosnuß so gern, die ganze...

5. Der Affenmilchmann, dieser Knilch, der wartet auf die Kokosmilch, die ganze...

6. Das Affenbaby voll Genuß hält in der Hand die Kokosnuß,
   die ganze Affenbande brüllt: „Da ist die Kokosnuß, da ist die Kokosnuß,
   es hat die Kokosnuß geklaut!"

7. Die Affenoma schreit: „Hurra! Die Kokosnuß ist wieder da!"
   Die ganze Affenbande brüllt: „Da ist die Kokosnuß, da ist die Kokosnuß,
   es hat die Kokosnuß geklaut!"

8. Und die Moral von der Geschicht: klaut keine Kokosnüsse nicht,
   weil sonst die ganze Bande brüllt: „Wo ist die Kokosnuß, ..."

Zungengymnastik (2–4)

Hier werden Schnellsprechsätze gesucht. Wer kennt einen solchen Satz?
Sammlung: Die Schüler tragen bekannte Schnellsprechsätze zusammen. *TA:*

- · Zwischen zwei Zäunen zappeln zehn Zicklein.
- · Hinter Hermann Hansens Haus, hängen hundert Hemden raus.
- · Blaukraut bleibt Blaukraut und Brautkleid bleibt Brautkleid.
- · Es saßen zwei zischende Schlangen zwischen zwei spitzigen Steinen
  und zischten vor zwitschernden Vögeln auf dem Zwetschgenbaum.
- · Der Metzger wetzt das Metzgermesser.

● Wer kann die Sätze schnell und ohne Fehler sprechen?
● Wer kann die Sätze umdrehen und schnell sprechen?
Beispiel: Hundert Hemden hängen raus, hinter Hermann Hansens Haus.
Was kannst du mit der Zunge noch machen?
● Wer kann sich mit der Zunge die Nasenspitze ablecken?
● Wer kann seine Zunge im Kreis bewegen?
● Wer kann seine Zunge ganz klein zusammenrollen?

Auf der Mauer, auf der Lauer ... (2–4)

Verlauf

1. Wir singen das Lied einmal im Ganzen.
2. Das Lied wird gesungen, aber das Wort „Wanze" ausgelassen. Dafür klatschen die Kinder zweimal in die Hände.
3. Wie vorher, nun wird aber auch das Wort „kleine" durch zweimaliges Klatschen ersetzt.
4. *Erschwerung:* Es kann beim dritten Durchgang auf das Wort „Mauer", beim vierten auf „Lauer" verzichtet werden. Wiederum ersetzt Klatschen die Silben:

   Auf der xx, auf der xx, sitzt 'ne xx xx.

   Sieh dir mal die xx an, wie die xx tanzen kann.

   Auf der xx, auf der xx, sitzt 'ne xx xx.
5. *Variation:* Wir singen das Lied, lassen aber beim Wort „Wanze" den letzten Buchstaben weg: „...sitzt 'ne kleine Wanz". Bei jedem weiteren Durchgang fällt ein Buchstabe weg, bis es schließlich heißt: „...sitzt 'ne kleine W".
6. Das Lied wird im *Wettbewerb* gesungen. Wer ein verbotenes Wort oder einen unerlaubten Buchstaben singt, scheidet aus. Wer bleibt übrig?

Sport

Das Hundehütten-Spiel (1/2)

Die Klasse wird in zwei unterschiedlich große Gruppen geteilt. Die Schüler der kleineren Gruppe bilden einen Kreis und stehen mit gegrätschten Beinen. Sie sind die Hundehütten. Die übrigen Kinder, die Hunde, laufen um den Kreis der Hundehütten herum, bis die Lehrerin ein bestimmtes Zeichen gibt. In diesem Augenblick sucht jedes Kind eine Hundehütte und krabbelt hinein.

Natürlich bleiben einige Kinder ohne Behausung. Diese werden von den Hunden kräftig angebellt und versuchen in der nächsten Spielrunde schneller zu sein. Die Rollen der „Hunde" und „Hundehütten" werden nach einigen Spielrunden neu verteilt.

Alles einsteigen! (1/2)

In der Turnhalle werden die einzelnen Kastenteile in einer Reihe aufgestellt. Jedes Teil stellt einen Schulbus dar. Wie viele Kinder in die einzelnen Schulbusse passen, wird laut verkündet und ggf. noch mit Kreide auf die Kastenteile geschrieben.

Alle Schüler laufen (hüpfen, springen, krabbeln...) um die Schulbusreihe herum. Auf ein Zeichen der Lehrerin sucht sich jedes Kind einen Platz in einem Bus. Wer keinen mehr bekommt, muß ausscheiden. In der nächsten Spielrunde steht den übriggebliebenen Schülern dann ein Schulbus weniger zur Verfügung.

Wer will, kann das Spiel noch erweitern: Jeder vollbesetzte Bus startet sofort und fährt so schnell wie möglich zur Lehrerin. Welcher Bus kommt zuerst dort an?

Das Verwandlungsspiel (1/2)

Alle Kinder bewegen sich frei in der Turnhalle oder auf dem Sportplatz. In der Mitte steht der Zauberer. Er hat eine Wollmütze so aufgesetzt, daß sie ihm über beide Augen bis zur Nase reicht. Nun murmelt er seine Verwandlungssprüche und ruft laut, in welche Dinge, Personen, Tiere oder Pflanzen er seine Opfer verzaubert. Also etwa so:

Hokus, pokus, fidelmareikus!
Ich verwandle euch in Frösche!

Sobald die Mitspieler den Zauberspruch vernommen haben, hüpfen sie sofort quakend wie Frösche. Der Zauberer lugt unter seiner Mütze hervor und scheidet denjenigen aus, der seiner Weisung zuletzt folgte. Dann zieht er

seine Mütze wieder über die Augen und verwandelt die Spieler in etwas anderes, z. B. in Autos, Flugzeuge, Sonnenblumen, rasselnde Wecker, brüllende Löwen, Bäume im Wind...
Nach etwa drei Spielrunden darf der Zauberer einen Nachfolger bestimmen.

Kopf oder Zahl? (1–4)

Die Klasse wird in zwei gleichstarke Gruppen geteilt: die eine Gruppe sind die Kopf-Kinder, die andere die Zahl-Kinder. Alle begeben sich auf das Spielfeld. Der Lehrer wirft eine Münze. Ist die Zahl sichtbar, so müssen die Zahl-Kinder die Kopf-Kinder fangen. Schaut der Kopf nach oben, beginnt das Spiel umgekehrt. Wer gefangen wird, muß auf der Seite seiner Eroberer mitspielen.
Eine Spielrunde dauert nicht länger als zwei Minuten. Wer bis dahin nicht gefangen ist, bleibt frei. Bitte, die Zeit genau stoppen und laut das Spielende abpfeifen!

Klapperschlange (1–4)

Die Schüler werden in Kleingruppen eingeteilt. Je nachdem, wie sich ihre Anzahl am besten teilen läßt, bildet man Gruppen von 3–5 Schülern.
Jede Kleingruppe bildet eine Klapperschlange. Die Kinder geben sich die Hände und dürfen sie nicht mehr loslassen. Das Kind am Ende der Klapperschlange hält ein Tuch (Mütze, Schal...) als Schwanz in der Hand. Vorne am Kopf ist die Klapperschlange bekanntlich sehr gefährlich.
Sobald das Startzeichen gegeben ist, kämpfen die Klapperschlangen miteinander, und zwar so, daß jede mit ihrem „Kopf" versucht, einer anderen den „Schwanz" abzujagen. Eine schwanzlose Klapperschlange ist besiegt, alle dazugehörenden Glieder verlassen das Spielfeld. Sollte eine Schlange während der wilden Jagd auseinanderreißen, gilt auch sie als besiegt.
Gewonnen hat natürlich die stärkste und vor allem geschickteste Klapperschlange, die am Schluß − mit Schwanz − übrig bleibt.

Gruppen bilden (1–4)

Alle Schüler laufen in der Turnhalle oder auf dem Sportplatz durcheinander. Jetzt gibt der Lehrer das Kommando „vier". Das heißt, daß sich die Schüler so schnell wie möglich in Vierergruppen zusammenfinden sollen. Wer übrig bleibt, scheidet aus. Schon laufen alle Kinder wieder. Es folgt das nächste Kommando „fünf!" Alle Kinder sammeln sich in Fünfergruppen.
Nachdem wir so lange gespielt haben, bis nur noch drei Schüler übriggeblieben sind, folgt die nächste Runde. Jetzt wird immer ein Doppelkommando

gegeben, z. B. „Zu zweit, Arm in Arm hüpfen" oder „Drei Kinder in Schub-
karrenstellung" oder „Fünfergruppen in die Hallenecken!"

Pferderennen (1–4)

Um ein Pferd zu bilden, brauchen wir vier Schüler. Ein Kind bildet das Pferde-
vorderteil. Es steht aufrecht, die Arme hängen parallel zum Körper, die
Handinnenflächen sind nach hinten gerichtet. In sie legt je ein weiterer Schüler sein Gesicht. Diese beiden Kinder müssen sich also weit hinunterbeugen.
Nun steigt das vierte Kind als Reiter auf die Rücken der beiden gebückten
Kinder. Vorsicht beim Aufsteigen! Alle Pferde stehen am Start. Auf ein Zeichen hin rennen oder besser gesagt galoppieren sie los zum etwa 20 Meter
entfernten Ziel. Welches Pferd kommt zuerst an?
Wer will, kann den Pferden Hindernisse in den Weg legen, die es zu über-
winden gilt.

Kullerball (1–4)

Die Schüler stellen sich im Kreis auf. Ein Schüler steht in der Mitte. Ein
Kreisspieler bekommt den Ball und rollt ihn zu einem beliebigen Mitspieler.
Dieser verfährt ebenso. So kullert der Ball von Kind zu Kind quer durch den
Kreis oder seitlich zum Nachbarn, so schnell wie möglich, denn der Spieler
in der Kreismitte versucht, den Ball abzufangen. Gelingt ihm das, tauscht er
mit dem Mitspieler Platz, der den Ball zuletzt losgerollt hat.

Das blinde Quadrat (2–4)

Die Schüler spielen auf der Sportwiese in drei Gruppen gegeneinander.
Ein Schüler wird zu einem bestimmten Markierungspunkt geführt. Dort wer-
den ihm die Augen verbunden. Er soll nun ein Quadrat von 10 Schritten Sei-
tenlänge abgehen. Die Abweichung vom Ausgangspunkt wird gemessen.
Nun sind nacheinander die Vertreter der beiden anderen Gruppen an der
Reihe. Derjenige, bei dem die geringste Abweichung gemessen wird, erhält
für seine Gruppe einen Punkt. Dann sind die nächsten Vertreter der drei
Gruppen an der Reihe.
Welche Gruppe bekommt die meisten Pluspunkte?

Hilfe, die Marsmännchen kommen! (2–4)

Dies ist ein Lauf- und Tobespiel, das viel Platz braucht und viel Spaß macht.
Zwei Kinder werden ausgewählt − sie sind unsere Marsmännchen. Ein wei-
teres Kind wird zum Medizinmann ernannt.

Wir stellen uns vor, daß die zwei Marsmännchen auf der Erde gelandet sind. Sie haben eine seltsame Waffe: Kaum haben sie einen Erdenbewohner berührt, muß dieser erstarrt stehenbleiben und wäre so gut wie verloren, wenn, ja wenn nicht zufällig der Medizinmann zu Hilfe käme, der den Regungslosen durch Antippen wieder in einen lebendigen Erdenbürger zurückverwandeln kann. Dem Medizinmann können die Marsmännchen nichts anhaben. So entsteht schon nach kurzer Zeit ein wildes Treiben. Die Marsmännchen jagen die Erdenbewohner, die Erstarrten (und Stummen!) warten auf den Medizinmann und dieser hat natürlich alle Hände voll zu tun, die armen Regungslosen zu erlösen. − Das Spiel beendet man einfach damit, daß man den Medizinmann aus dem Verkehr zieht.

Karton treiben (3/4)

Die Schüler werden in zwei Mannschaften geteilt. Jeder Schüler bekommt einen Schlagball. Auf die Mittellinie zwischen den beiden Spielfeldern wird ein Karton oder ein Softball gelegt.

Spielverlauf

Auf das Startzeichen hin werfen die Schüler ihre Bälle auf den Karton und versuchen, ihn so weit wie möglich in das gegnerische Feld zu treiben. Natürlich muß jeder Schüler immer wieder schnell seinen Ball zurückholen. Nach einer vorgegebenen Zeit, etwa drei Minuten, wird abgepfiffen. Wo ist der Karton jetzt? Die siegreiche Gruppe erhält einen Punkt. Entschieden ist aber noch lange nichts, da weitergespielt wird, solange die Kondition reicht bzw. der Karton durchhält.

Hindernisrennen (3/4)

Die Klasse wird in zwei gleichstarke Gruppen geteilt. Gemeinsam mit allen Schülern wird ein Hindernisparcours aufgebaut, z.B.
- zwei Slalomstrecken aus Keulen
- zwei Kletterbarrieren aus Kastenteilen,
- zwei Strecken auf dem Balancierbalken.

Spielverlauf

Jede Gruppe stellt sich als Riege auf, der jeweils erste erhält einen Medizinball.
Auf das Startzeichen hin laufen die beiden ersten los und rollen den Medizinball neben sich her, die Slalomstrecke entlang, klettern auf die Kästen, springen auf der anderen Seite wieder herunter, balancieren mit dem Ball auf dem Kopf den Balken entlang und laufen schnell wieder zu ihrer Gruppe zurück.

Dort geben sie den Ball und damit die Aufgabe an den nächsten Spieler ihrer Gruppe weiter.

Gewonnen hat die Gruppe, deren letzter Spieler zuerst wieder zu seinen Mitspielern zurückgekehrt ist.

Variation 1: Statt des Medizinballes müssen zwei Reifen oder Keulen mitgetragen werden. Wer eines dieser Geräte oder beide unterwegs verliert, muß wieder von vorne beginnen.

Variation 2: Der Spieler muß sich mit verbundenen Augen durch den Parcours tasten; seine Mitspieler helfen ihm durch Zurufe wie „Weiter links, geradeaus, Vorsicht!..." Wichtig: Zwei Schüler geben am Kasten und am Balken Hilfestellung.

Es gibt so viele Variationen zum Aufbau des Parcours, daß es meistens schon genügt, den Schülern die vorhandenen Gegenstände zu zeigen, und sie werden zahlreiche Möglichkeiten erfinden.

Staffellauf (3/4)

Die Klasse wird in mehrere gleichstarke Gruppen geteilt, jeder sollten etwa 6–8 Schüler angehören. Die Gruppen stellen sich in Riegen auf, etwa 20 Meter von einer Wendemarke (Baum, Laterne, Fahnenstange...) entfernt.

Der Lehrer läßt die Riegen durchzählen, so daß jedes Kind eine feste Nummer erhält, die gleiche Nummer also entsprechend der Gruppenanzahl mehrmals vorkommt, z.B. bei vier Gruppen 4mal die Nummer 1, die Nummer 2, usw.

Der Lehrer gibt das Startkommando, indem er eine der Nummern aufruft, z.B. „Nummer 3!" Alle Kinder, die diese Nummer tragen, starten nun gleichzeitig, laufen so schnell sie können um die Wendemarke und wieder zurück zu ihrer Gruppe. Die Gruppe, deren Läufer zuerst zurückgekehrt ist, erhält einen Punkt. Der Lehrer ruft weitere Nummern auf, bis alle Schüler am Wettlauf teilgenommen haben.

Tip: Alle möglichen Unfallgefahren beiseiteräumen! Die Schüler lieben dieses Spiel und achten nur noch darauf, möglichst schnell ins Ziel zu kommen.

Spielebox

Lernspielesammlung für Vertretungsstunden

Wer sich auf die Dauer für Vertretungsstunden jeder Art präparieren will, dem sei die Anschaffung einer Lernspielesammlung dringend ans Herz gelegt. Freilich ist das Herstellen etwas aufwendig − aber die Arbeit lohnt sich! Nicht nur, daß Sie durch die Sammlung vor allen etwaigen Notlagen gefeit sind, die Spiele machen den Kindern viel Spaß, und Sie können davon ausgehen, daß sich alle Klassen auf Sie und Ihre schnell berühmt gewordene Lernspielesammlung freuen werden.

Zur Aufbewahrung der Lernspiele empfehlen wir einen stabilen Karton mit Deckel (z. B. einen Stiefelkarton). Die einzelnen Spiele lassen sich am besten in DIN-A4-Klarsichthüllen oder kleinen Schachteln unterbringen. Spielkärtchen fassen wir mit großen Büroklammern oder Gummiringen zusammen und stecken sie zusätzlich noch in beschriftete Briefumschläge.

Nachfolgend einige Spielbeispiele aus den Bereichen Deutsch, Mathematik und Sachkunde: Suchen Sie sich Ihre Lieblingsspiele aus und setzen Sie Ihre persönliche Lernspielesammlung zusammen!

Tip: An unserer Schule existiert für jede Jahrgangsstufe eine spezielle Lernspielesammlung, die von den jeweiligen Klassenlehrern gemeinsam hergestellt wurde. Die Spielesammlungen stehen im Lehrerzimmer jederzeit zur Verfügung. Dieses Vorgehen erspart nicht nur Zeit, es garantiert auch den Zuschnitt auf die jeweilige Altersstufe.

Nachfolgende Spiele sind für alle Vertretungsstunden gedacht, für Differenzierungsmaßnahmen im „normalen" Unterricht, für Randstunden oder für solche Fälle, in denen sich die Schüler durch besonders gute Mitarbeit eine „Spielstunde" verdient haben.

Darüber hinaus ist folgender Standardinhalt für die Spielebox wünschenswert:

- mindestens zwei Würfel
- 1 Farbwürfel
- Klebstoff
- Papier
- 1 Tuch zum Augenverbinden
- Schnur
- Scheren
- Stifte
- mehrere Wäscheklammern

Das Zahlen-Fühlspiel (1)

Material: für eine Gruppe von 6 Schülern ein Tuch und etwa 40 Zahlen (8 × 4 cm), die man aus feinem Sandpapier ausschneidet.

Spielverlauf

Form 1:

Alle Zahlen sind unter dem Tuch versteckt. Der Lehrer nennt eine Zahl, z. B. 9. Die Kinder tasten die Zahlen unter dem Tuch ab, bis eines meint, eine Neun gefunden zu haben. Es ruft laut „Stopp". Der Lehrer gibt dem Kind ein Zeichen, die ertastete Form unter dem Tuch hervorzuholen. Wurde richtig getastet, gibt es einen Punkt. Wer am Schluß die meisten Punkte hat (an der Tafel notieren!), der hat gewonnen.

Anmerkung: Sind mehrere Zahlen-Sätze vorhanden, spielen die Gruppen gegeneinander. Es werden dann die Pluspunkte der jeweiligen Gruppe gutgeschrieben.

Form 2:

Entsprechend dem erarbeiteten Zahlenraum gibt der Lehrer eine Zahl an, z. B. 18. Zwei Kinder tasten nun unter dem Tuch die Zahlen ab, legen sie aufeinander und addieren im Kopf, bis sie meinen, die Zahl 18 erreicht zu haben.

Beispiel: Thomas ertastet eine Vier, danach eine Acht, legt die 4 auf die 8, denkt sich „12" und tastet weiter, bis er genau auf die Zahl 18 kommt. Wenn er Glück hat, findet er bald eine Sechs ($8 + 4 + 6 = 18$).

Spiele mit dem Buchstabenwürfel (1–4)

Material: 4 Spielwürfel, Klebeetiketten, Filzstift

Vorbereitung

Die Zahlen auf den Würfeln werden mit Klebepunkten oder Abschnitten von Etiketten überklebt und mit Buchstaben beschriftet, z. B.

1. Würfel: S T E N R A
2. Würfel: D M I K E F
3. Würfel: U L G E W O
4. Würfel: H Z E A S N

Spielverlauf

Form 1:

Ein Schüler sagt zuvor einen Oberbegriff, z. B. „Blume", und würfelt dann. Wer kann zuerst eine Blume mit dem gewürfelten Buchstaben angeben?

Variation: Der Schüler würfelt mit zwei oder, noch schwieriger, mit drei Würfeln. Es ist jedoch egal, an welcher Stelle im Wort die Buchstaben vorkommen.

Beispiel: Oberbegriff: Tier; gewürfelt wurde: H O D ; mögliche Lösung: „Dohle"

116

Form 2:
Ein Schüler würfelt mit drei oder vier Würfeln. Nun sollen die Buchstaben in einem beliebigen Wort untergebracht werden, z.B. T K A E. Mögliche Lösungen: Karotte, Teekanne, Tanker

Form 3:
Sätze bilden
Ein Schüler würfelt mit vier Würfeln. Er schreibt die gewürfelten Buchstaben an die Tafel. Wer kann einen Satz bilden, dessen Wörter mit den gewürfelten Buchstaben beginnen?

Beispiel: Gewürfelt wurde: S I E A; mögliche Lösung:
Susi **i**ßt **e**inen **A**pfel.
Seht **i**hr **e**uer **A**uto?

Silben-Memory (1–4)

Material: etwa 60 Silbenkärtchen aus festem Papier (3 × 4 cm)

Vorbereitung

Entsprechend dem jeweils erarbeiteten Grundwortschatz werden etwa 30 zweisilbige Wörter ausgewählt. Sie können beliebigen Wortarten angehören. Auf jedes Kärtchen wird eine Silbe in Großbuchstaben geschrieben, z.B.

Spielverlauf

Es wird in Gruppen von 4–6 Schülern gespielt. Jede erhält einen Spielsatz. Die Kärtchen werden gemischt und mit der Beschriftung nach unten auf dem Tisch ausgebreitet.

Durch einen Abzählreim wird bestimmt, wer anfangen darf. Dieser Spieler deckt zwei beliebige Kärtchen auf, so daß alle Kinder lesen können, was darauf steht. Können die beiden Silben zu einem sinnvollen Wort zusammengesetzt werden?

Hat der Spieler Glück und deckt zwei zusammenpassende Silben auf, z.B. SOM MER, so darf er beide Kärtchen behalten und so lange weiterspielen, bis er neue Silben nicht mehr zu einem sinnvollen Wort verbinden kann. In diesem Fall müssen die Kärtchen wieder umgedreht werden. Dieser Spieler und alle anderen der Gruppe versuchen sich aber zu merken, wo welche Silbenkärtchen liegen. Vielleicht kann man sie später noch einmal gut gebrauchen. Gewonnen hat derjenige Spieler, der am Ende des Spiels die meisten Silbenkärtchen besitzt.

Logische Kreise (1–4)

Material: etwa 10 Blätter buntes, aber helles Tonpapier; Zirkel, Filzstifte, Schere, Briefumschläge

Vorbereitung

Aus dem Tonpapier werden Kreise ausgeschnitten. Der Außendurchmesser wird so gewählt, daß ein DIN-A4-Tonpapier zwei Kreise ergibt.

Nun werden die Kreise in je 6 gleiche Stücke eingeteilt und mit Wörtern aus dem erarbeiteten Grundwortschatz (Merkwörter) beschriftet, ähnlich einem Dominospiel. Auf jedem Teilstück stehen zwei Silben: die Endsilbe des vorangegangenen und die Anfangssilbe des neuen Wortes.

Anwendung

Jeder Kreis wird in seine Teilstücke zerschnitten, diese werden in einen Briefumschlag gesteckt. Die Schüler wählen einen Umschlag und setzen die Stücke zusammen. Nach der Kontrolle wird das Spielmaterial wieder eingepackt und ausgetauscht. Es eignet sich auch gut bei Differenzierungsmaßnahmen.

Beispiel: Namenwörter   *Beispiel:* Tunwörter

Beispiel: Namenwörter: Endbuchstabe bildet Anfangsbuchstabe des nächsten Wortes

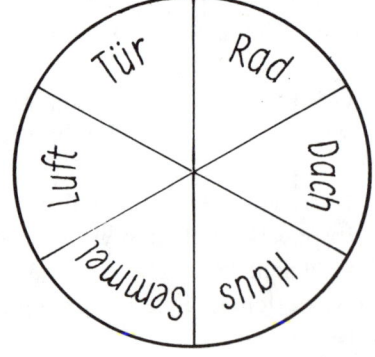

Rechen-Domino (1–4)

Zu diesem Spiel gehören mindestens 20 Dominokärtchen. Am besten bereitet man sie aus fester Pappe vor. Damit keine Assoziationen von der linken auf die rechte Hälfte des Dominokärtchens entsteht, beschreibt man die beiden Felder in unterschiedlicher Farbe und verdeutlicht noch zusätzlich durch einen dicken Trennstrich. *Beispiel:*

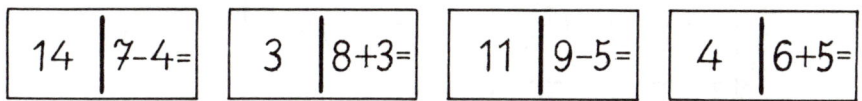

Auf der rechten Seite des Kärtchens steht eine Aufgabe, auf der linken das Ergebnis einer anderen Rechnung. Die Regeln für Domino sind vermutlich allen Kindern bekannt. Die Kärtchen sollen so angereiht werden, daß Aufgabe und Ergebnis aneinanderliegen. Mit welchem Kärtchen begonnen wird, ist egal.

Dieses Spiel kann mit der ganzen Klasse durchgeführt werden. Dabei heften die Schüler ihr Kärtchen mit Klebestreifen oder „Heftis" an die Tafel. Es kann ebenso in verschieden großen Gruppen, in Partnerarbeit oder sogar von einem Schüler allein gespielt werden.

Je nach Schuljahr werden die Aufgaben in unterschiedlichem Schwierigkeitsgrad gestellt. Für den 4. Jahrgang gibt es noch ein spezielles Domino, in dem die Schüler Größen umrechnen sollen. *Beispiel:*

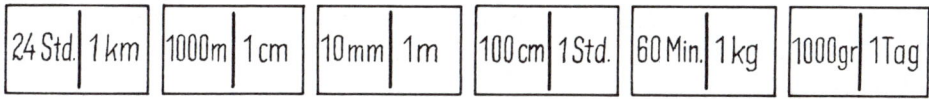

Rechen-Puzzle (1–4)

Rechen-Puzzles dienen der Rechenfertigkeit, sind einfach in der Herstellung und machen den Kindern so viel Spaß, daß sie sich die Puzzles sogar für zu Hause ausleihen.

Material: Bild aus einer Illustrierten, das mit Tonpapier verstärkt wird; gleichgroßes Stück weißes oder gelbes Tonpapier; Schere, Klebstoff, Stift

Herstellung

Das Bild wird auf der Rückseite in 5 × 3 gleichgroße Felder unterteilt. In jedes Feld wird ein Rechenergebnis geschrieben. Entsprechend wird das

Tonpapier-Rechteck ebenfalls in 15 Felder unterteilt und in jedes Ergebnisfeld die zugehörige Rechenaufgabe eingetragen. *Beispiel:*

Bild Rückseite

8	16	4	11	10
15	17	6	12	14
1	19	18	9	7

Tonpapier

$3+7=$	$5+6=$	$9-5=$	$8\cdot2=$	$11-3=$
$9+5=$	$6\cdot2=$	$17-11=$	$9+8=$	$20-5=$
$14-7=$	$20-11=$	$9\cdot2=$	$12+7=$	$30-29=$

Zuletzt wird das Bild (Ergebnistafel) in seine 15 Felder zerschnitten. Aufgabentafel und Puzzleteile werden in einem Briefumschlag aufbewahrt.

Spielverlauf
Die Kinder spielen einzeln für sich oder in Partnerarbeit. Der Inhalt des Umschlages wird geleert. Rechts liegt die Aufgabentafel, daneben liegen die 15 Puzzleteile mit den Ergebnissen. Der Schüler rechnet z. B. die oberste linke Aufgabe, also: 3 + 7 = 10. Er sucht das Ergebnis 10 und deckt damit das Aufgabenfeld so ab, daß die Bildseite sichtbar ist.
Hat der Schüler nacheinander alle Aufgaben gelöst, kann er selbst an Hand des Bildes feststellen, ob und wo er falsch oder richtig gerechnet hat.
Tip: Die Schüler stellen solche Rechen-Puzzles gerne selber her. Das eignet sich gut als Hausaufgabe!
Variation: Für größere Schüler kann das Puzzlespiel natürlich in entsprechend mehr und unregelmäßig geformte Felder zerschnitten werden.
Im 3. und 4. Schuljahr wird dieses Spiel erfolgreich beim Umwandeln von Größen eingesetzt.

Streichholz-Spiele (1–4)

Übungen, Spiele und Tricks mit Streichhölzern

Mikado

Addieren von Zahlen nach Einern und Zehnern

Jede Gruppe erhält etwa 25 Streichhölzer, denen wie in den folgenden Spielen die Köpfe abgezwickt sind. 5 Streichhölzern malt man mit Filzstift ein Ringlein um die Mitte: Das sind unsere Zehner. Alle übrigen Hölzer haben den Wert 1.

Nun wird gespielt wie beim „richtigen" Mikado. Ein Schüler nimmt alle Streichhölzer zusammen, stellt sie im Bündel hochkant auf den Tisch und läßt sie auseinanderfallen. So wie die Streichhölzer nun liegen, muß eines nach dem anderen aufgesammelt werden, vorsichtig, denn kein daneben- oder darunterliegendes Hölzchen darf sich bewegen. Geschieht das trotzdem, ist der Nachbar mit Aufsammeln an der Reihe.

Sind alle Hölzchen aufgehoben, zählt jeder Schüler seine Punkte zusammen, z.B. 2 Zehnerhölzchen + 8 Einerhölzchen = 28 Punkte. Wer die meisten Punkte hat, gewinnt.

Zahlenzerlegen mit Streichhölzern

Im 1. Schuljahr spielt das Zerlegen von Zahlen eine große Rolle. *Beispiel:* die Zahl 7

Jeder Schüler erhält sieben Streichhölzer und soll sie in zwei Gruppen aufteilen. Welche Möglichkeiten bestehen?

Die Ergebnisse werden an der Tafel festgehalten und von den Kindern nachgelegt. *Beispiel:*

$$||| + |||| = 7$$

$$| + |||||| = 7$$

$$|| + ||||| = 7$$

$$||| + || + || = 7$$

Natürlich geht's auch andersherum:

Variation: Der Lehrer verteilt sieben Streichhölzer „heimlich" in seine Fäuste. Er sagt: „In meiner linken Hand habe ich 1 Streichholz. Wer weiß, wie viele in der rechten sind?" Die Schüler dürfen dann selbst solche „Rätsel" ihren Mitschülern aufgeben.

Streichholzbilder
Jedes Kind bekommt gleichviele Streichhölzer, z. B. sechs Stück.
Aufgabe: Wer kann ein Bild mit diesen sechs Hölzchen legen, ohne daß auch nur eines übrigbleibt? *Möglichkeit:*

Nim
Es spielen immer zwei Schüler miteinander. Auf dem Tisch liegen folgende Häufchen Streichhölzer:

Nun soll nacheinander jeder Spieler beliebig viele Hölzchen wegnehmen. Wichtig dabei: Man darf nur aus e i n e m Häufchen nehmen. So kann man z. B. das dritte Häufchen ganz wegnehmen oder aus dem vierten 2 Hölzchen entfernen... Wer das letzte Streichholz nehmen muß, hat verloren.
Gutes Überlegen, strategisches Vorgehen und Konzentration sind gefordert!

Der Turmbau von Babel
Geschick und Konzentration fordert dieses Spiel:
Jeweils zwei bis sechs Schüler spielen zusammen. Der Inhalt einer Streichholzschachtel liegt auf dem Tisch. Nun soll aus den Hölzern ein möglichst hoher Turm gebaut werden – natürlich ohne daß er umstürzt!
Je höher der Turm ist, um so mehr steigt die Spannung bei den „Baumeistern".

Das Sätze-verwurschtel-Spiel (2–4)

Material: Zu diesem Spiel gehören 36 Kärtchen, jeweils 12 Karten in einer Farbe (rot, blau, grün).

Vorbereitung

Auf den roten Kärtchen steht jeweils der Satzgegenstand (mit Begleiter), auf den grünen die Satzaussage, auf den blauen die Ortsangabe eines sinnvollen Satzes.

Spielverlauf

Die Kärtchen werden nach Farben sortiert, jedes Päckchen für sich gemischt und verdeckt an die Spieler verteilt. Jeder Spieler soll von jedem Päckchen gleichviele Karten erhalten, z.B. bei drei Spielern 12 Karten, von jeder Farbe vier Stück.

Nun legt jeder Spieler seine drei Kartenhäufchen vor sich hin, links den roten, in der Mitte den grünen und rechts den blauen Stoß. Der erste Spieler liest den Text auf seinen drei obersten Kärtchen vor, z.B.

Der Arzt   badet   in der Speisekammer

und legt den Satz für alle sichtbar auf den Tisch.

So verfährt man reihum, bis alle Kärtchen auf diese Weise aufgelegt sind. Nun versucht man, die wirklich zusammengehörenden Sätze zu bilden, indem man

● eigene Kärtchen untereinander austauscht,
● eigene Kärtchen mit denen der Mitspieler austauscht.

Welche Sätze zusammengehören, sollte eigentlich am Sinn zu erkennen sein. Hilfreich sind aber auch Symbole. Je drei zusammengehörige Kärtchen weisen das gleiche Kennzeichen auf, z.B.:

Der Spieler sucht also das passende Kärtchen in seinen eigenen Sätzen oder bei seinen Nachbarn und darf bei jeder Runde ein Kärtchen austauschen; dabei liest er seinen, neu entstandenen Satz vor und den, der durch Austausch beim Mitspieler entstanden ist. *Beispiel:*

Spieler A: Bello hängt im Büro
Spieler B: Vater liegt in der Kirche

Das Kind liest seinen neuen Satz vor:

„Bello liegt im Büro"

und den des anderen Spielers:
    „Vater hängt in der Kirche."
Das Spiel endet, wenn alle Sätze richtig zusammengefunden wurden.

Schnipp-Schnapp (2–4)

Mit diesem anspruchsvollen Mathematikspiel haben wir gute Erfahrungen gemacht. Es kann nicht nur in Vertretungsstunden, sondern auch bei der Differenzierung im Mathematikunterricht eingesetzt werden. Die Schüler haben so großen Spaß daran, daß sie sich das Spiel sogar für zu Hause ausleihen.

Material: 40 Kärtchen aus Karton (ca. 3 × 4 cm), Filzstift

Vorbereitung

Die Kärtchen werden mit Rechenaufgaben aller vier Grundrechenarten beschriftet. Jeweils zwei Aufgabenkärtchen haben dasselbe Ergebnis. *Beispiel:*

$$21 - 7 = \qquad 3 \cdot 5 - 1 = \qquad \textit{Ergebnis: 14}$$

$$17 - 9 + 10 = \qquad 3 \cdot 6 = \qquad \textit{Ergebnis: 18}$$

Spielverlauf

Es sitzen immer zwei Schüler an einem Tisch nebeneinander. Das ist wichtig, damit keiner die Aufgaben „auf dem Kopf stehend" lesen muß.

Die Aufgabenkärtchen werden gemischt und an beide Spieler gleichmäßig verteilt. Jeder türmt seine Kärtchen zu einem Stapel auf, die Schrift schaut nach unten. Ein Spieler nimmt das oberste Kärtchen von seinem Stapel, zeigt die Aufgabe und legt sie auf den Tisch. Dazu sagt er „Schnipp". Der Partner macht dasselbe, legt seine Karte daneben und sagt „Schnapp".

Nun müssen beide Spieler so schnell wie möglich die zwei Aufgaben ausrechnen. Ist das Ergebnis gleich, so ruft der schnellere Rechner „Schnipp-Schnapp". Der Partner kontrolliert. Hat der eine Spieler zurecht „Schnipp-Schnapp" gerufen, darf er dieses Kartenpaar behalten. Sind die Ergebnisse beider Aufgaben ungleich, so werden die Karten wieder in den Stapel zurückgelegt, und die nächsten beiden Schnipp-Schnapp-Kärtchen werden aufgedeckt.

Haben beide Spieler ihren Stapel einmal durchgerechnet, so werden die Restkarten wieder gemischt und neu verteilt.

Lockerungsspiele

Beim Müller hat's gebrannt... (1)
Ein Spiel zum Klatschen

Beim Müller hat's gebrannt − brannt − brannt.
Da bin ich schnell gerannt − rannt − rannt.
Da kam ein Polizist − zist − zist,
der schrieb mich auf die List − List − List.
Die List fiel in den Dreck, Dreck, Dreck,
da war mein Name weg − weg − weg.

Beim	Mül-	ler	hat's	ge-	brannt	− brannt	− brannt.
Da	bin	ich	schnell	ge-	rannt	− rannt	− rannt.
Da	kam	ein	Po-	li-	zist	− zist	− zist,
der	schrieb	mich	auf	die	List',	− List',	− List'.
Die	List'	fiel	in	den	Dreck,	Dreck,	Dreck,
da	war	mein	Na-	me	weg,	weg,	weg.

(nach Susanne Stöcklin, Eins, zwei, drei − Ritsche, ratsche, rei. Otto Maier Verlag,
Ravensburg 1987)

Wir klatschen nach Silben, wobei die Wiederholungen, z.B. „brannt −
brannt − brannt", mitgeklatscht werden.

Die Oma hängt die Wäsche auf (1)

Nach dem bekannten Spielmuster von „Alle Vögel fliegen hoch" spielen wir
− möglichst schnell − das Spiel vom Wäscheaufhängen.
Die Schüler legen ihre Hände auf die Tischkante. Einer ist Spielführer und
steht vor der Klasse. Er gibt das Kommando: „Oma hängt die Socken auf!"

und hebt dabei seine Arme hoch. Alle Schüler, die gut aufpassen, heben ebenfalls schnell die Arme. Wer das zuletzt tut, scheidet aus.

„Oma hängt die Stühle auf!" Der Spielführer hebt wieder die Arme hoch, aber diesmal folgen ihm die klugen Kinder nicht. Wer sich trotzdem verleiten läßt, die Arme zu heben, scheidet aus.

Der Spielführer steigert das Tempo, bis zum Schluß nur noch ein Kind übrigbleibt. Es ist der nächste Spielführer.

Zeitungsschlange (1)

Jedes Kind erhält einen großen Bogen Papier und soll daraus eine möglichst lange Papierschlange reißen. Dazu braucht man schon einiges Fingerspitzengefühl, damit die Schlange nicht unverhofft abreißt. Wem die längste Schlange gelingt, darf sich natürlich „Oberschlangendompteur" nennen.

T i p : In der Laufrichtung des Papiers reißen!

Das Radiergummi-Suchspiel (1/2)

Material: ein Radiergummi o. ä.

Alle Kinder verschränken ihre Arme und legen den Kopf in das „Armnestchen". Die Augen sind fest verschlossen.

Spielverlauf

Die Lehrerin geht langsam durch das Klassenzimmer und versteckt irgendwo den Radiergummi: so gut, daß er nicht sofort entdeckt wird, aber doch so, daß er für alle Kinder sichtbar ist. Sie legt ihn z.B. auf die Türklinke oder (besonder lustig!) sich selbst auf den Kopf.

Dann klatscht sie in die Hände. Das ist das Startsignal für alle Sucher. Wer den Radiergummi entdeckt, verrät vorerst noch gar nichts, sondern setzt sich auf seinen Tisch. Wenn endlich die meisten Kinder auf den Tischen sitzen, wird das Versteck vom ersten „Finder" benannt, und der Radiergummi wird erneut (vielleicht von einem Schüler) versteckt.

Schüler-Memory (1–4)

Dieses Spiel ist schnell vorbereitet und macht den Schülern viel Spaß, so daß man es mehrmals spielen sollte.

Vorbereitung

Schneiden Sie so viele Zettelchen, wie Kinder an dem Spiel teilnehmen! Auf jeweils zwei Zettel wird die gleiche Tierart geschrieben, also: zweimal Kuh, zweimal Frosch, zweimal Hund... Die Zettelchen werden zusammengefaltet und in einem Hut (Schachtel) gut gemischt.

Spielverlauf

Jedes Kind zieht einen Zettel und liest still für sich, welcher Tiergattung es fortan angehört. Die Zettel werden dann gleich wieder gefaltet, damit der Nachbar nicht spicken kann.

Ein Kind beginnt das Spiel. Es ruft nacheinander zwei beliebige Mitschüler auf. Diese stehen auf und geben in ihrer jeweiligen Tiersprache Antwort. *Beispiel:* Dieter quakt, Barbara wiehert.

In diesem Fall setzen sich die beiden wieder und ein anderes Kind darf zwei Mitschüler aufrufen. Ertönen nun die gleichen Tierstimmen, so hat der aufrufende Schüler zwei Punkte, die zwei gleichen „Tiere" begeben sich aus dem Spiel, und der gleiche Schüler ist noch so lange an der Reihe, bis auch er zwei ungleiche Tierstimmen aufruft.

Anmerkung: Die Anzahl der spielenden Kinder muß immer durch 2 teilbar sein, deshalb muß evtl. auch der Lehrer mitspielen.

Variationen:

Zu diesem „lebendigen Memoryspiel" gibt es unzählige Variationen. Hier zwei Beispiele für den Mathematik- und den Rechtschreibunterricht:

o *Mathematisches Memory*

Im 1. Schuljahr wird jedem Kind eine Zahl zwischen 1 und 6 zugeordnet. Ein Memorypaar ist dann perfekt, wenn die Summe beider Zahlen gleich 7 ist. *Beispiel:* Florian: 4, Catrin: 3. Die Summe beider Zahlen gibt 7.

Selbstverständlich darf bei diesem Spiel jede Zahl auch öfter als zweimal vorkommen.

o *Rechtschreibmemory*

Bestimmte zweisilbige Merkwörter werden an die Tafel geschrieben und von den Kindern in die Silben zerlegt, z. B. Ta-fel, Blu-me, Ant-wort ...

Auf die Zettelchen werden die einzelnen Silben geschrieben. Ein Memorypaar ist dann gebildet, wenn die beiden Silben zu einem sinnvollen Wort zusammengefaßt werden können. *Beispiel:* Klara „Schü-", Markus „ler". Der aufrufende Schüler wiederholt das ganze Wort „Schüler" und bekommt zwei Punkte gutgeschrieben.

Lebendiges Schüler-Kim (1–4)

Die Schüler sitzen im Stuhlkreis. Ein Kind wird ausgewählt, das in der ersten Spielrunde sein Gedächtnis prüfen darf. Dieses betrachtet seine Mitschüler ganz genau. Es achtet auf die Kleidung, die Körperhaltung, die Sitzordnung ...

Dann wird es vor die Klassenzimmertür geschickt. Während das Kind draußen wartet, nehmen wir etwa 3–5 Veränderungen vor. Flori zieht seine Schuhe verkehrt herum an, Astrid öffnet ihre Zöpfe, Arno und Barbara wechseln ihre Plätze, und Tobias zieht die rosafarbene Jacke von Bettina an. Jetzt wird das Kind wieder hereingerufen. Es darf sich nun alle Mitschüler genau anschauen und soll dann angeben, was sich alles verändert hat. Wenn sich ein Kind dabei schwertut, helfen wir durch Zusatzimpulse.

Eckenkönig (1–4)

Vier Kinder werden ausgewählt. Jedes begibt sich in eine Ecke des Klassenzimmers. Der Lehrer oder ein Mitschüler stellt eine Frage, z.B.: Wie viele Minuten haben drei Stunden? – Wer von den vieren zuerst die richtige Antwort nennt, darf im Uhrzeigersinn eine Ecke weiterziehen. Der Schüler, der zuerst in seine „Anfangsecke" zurückgekehrt ist, also vier richtige Antworten gegeben hat, ist Sieger.

Dieses Spiel wird mit mehreren Schülergruppen gespielt. Die Sieger spielen am Schluß gegeneinander. Wer wird „Eckenkönig?"

In fast allen Unterrichtsfächern kann dieses Spiel einer gelockerten Wiederholung dienen. In Mathematik werden z.B. einfache Aufgaben zu den Grundrechenarten gestellt. Im Rechtschreibunterricht darf jeder Schüler seinen Nachschriftentext mitnehmen. Der Lehrer fragt z.B. „Nenne mir ein Wort aus dem Text mit 11 Buchstaben!" oder „Wie heißt das längste Wort im Text?" Im Sachunterricht werden Fragen zu den bereits behandelten Themen gestellt, z.B. „Nenne mir einen Bodenbrüter!" Selbst in der Musikerziehung ist dieses Spiel möglich. Der Lehrer oder ein Mitschüler klatscht ein bekanntes Lied. Wer kann es zuerst singen?

Tast-Kim (1–4)

Der Lehrer sammelt zuerst etwa fünf Gegenstände, die den Kindern bekannt sind, sich aber durch Form und Oberflächenstruktur unterscheiden, z.B. Radiergummi, Spitzer, Armbanduhr, Tafelschwamm, Apfel.

Die Kinder stehen im Kreis und halten ihre Hände auf dem Rücken. Nun werden die fünf Gegenstände in kleinen zeitlichen Abständen von Hand zu Hand im Rücken der Schüler weitergereicht. Sind sie beim letzten angekommen, läßt sie der Lehrer verschwinden.

Nun laufen alle Schüler auf ihre Plätze und schreiben auf, welche Gegenstände sie ertastet haben. Auch die Reihenfolge ist einzuhalten. Sind alle Kinder fertig, werden die Gegenstände vorgeholt und den Kindern in der richtigen Reihenfolge gezeigt. Wer hat sie alle „ertastet"?

Spieglein, Spieglein... (1–4)

Ein Schüler tut so, als ob er sich vor einem Spiegel eingehend betrachtet. Er könnte sich auch die Zähne putzen, die Haare kämmen usw.

Ein anderer steht direkt vor ihm und stellt den Spiegel dar. Er muß also alle Bewegungen und den jeweiligen Gesichtsausdruck möglichst genau nachmachen — und das ist gar nicht so einfach, aber für alle Zuschauer sehr lustig!

Figuren reißen (1–4)

Jedes Kind bekommt einen großen Bogen Zeitungspapier. Daraus werden alle möglichen und unmöglichen Tiere, Figuren oder (für größere Kinder) „Charakterköpfe" gerissen.
Das macht allen Spaß, besonders wenn man sein Werk den Mitspielern auch noch möglichst phantasievoll vorstellen darf, z.B. „Das ist das Porträt von Nabert Nasloch, nach seiner Erfindung der Nasenbohrmaschine." Oder: „Das ist ein Elefant nach der Frühjahrsdiät."

Blätter pusten (1–4)

Material: mindestens 20 Papierstreifen (am besten aus starkem Papier), ungefähr 10 cm lang, 5 cm breit; eine leere Flasche

Vorbereitung
Die Papierstreifen legen wir kreuz und quer über die Flaschenöffnung.

Spielverlauf
Abwechselnd darf nun jedes Kind „Blätter" von der Flasche pusten. Aber Vorsicht! Wer das unterste Blatt herunterbläst, hat verloren. Darum ganz behutsam blasen, damit nicht mit allen restlichen Blättern auch das letzte herunterfällt!

Autorennen (1–4)

Zunächst soll jedes Kind aus einem halben Bogen Zeitungspapier sein Traumauto reißen. Dabei darf es zunächst ein bißchen probieren, denn das Reißen ist gar nicht so einfach!
Nun „stellt" jedes Kind sein Traumauto an der Startlinie auf. Auf ein Startzeichen hin fächelt jeder „Rennfahrer" sein Auto mit einer zusammenge-

falteten Zeitung bis zur Ziellinie. Auch das ist nicht so leicht, wie es sich anhört. Manches Auto schlägt seinen eigenen Weg ein, und es bedarf einigen Fingerspitzengefühls des „Fahrers", sein Gefährt über die Ziellinie zu bringen. Wem das zuerst gelingt, der erhält drei Punkte. Rennfahrer Nummer 2 erhält zwei Punkte, und auch der Dritte im Ziel wird noch mit einem Punkt belohnt. Dann wird wieder gemeinsam zur „Heimfahrt" gestartet.
Wer am Schluß des Rennens die meisten Punkte hat, ist Sieger.

Rettungsboote (1–4)

Die Schüler laufen frei auf dem Spielfeld umher. Auf dem Boden sind mehrere Bogen Zeitungspapier ausgebreitet. Sobald der Spielleiter ruft „Alle in die Rettungsboote!", versucht jedes Kind einen Platz im Boot − sprich: auf der Zeitung − zu ergattern. Wem das nicht gelingt, der ist leider „untergegangen" und scheidet aus.
In der folgenden Spielrunde wird das Zeitungspapier halbiert und am Schluß ein „Boot" nach dem anderen weggenommen, so daß es natürlich immer schwieriger, aber auch spannender wird, sich zu retten.
Der letzte „Überlebende" darf in der nächsten Spielrunde die Aufgabe des Spielleiters übernehmen.

Schattenspiel (1–4)

Material: verschiedene kleine Gegenstände wie Schlüssel, Radiergummi, Wäscheklammer, Büroklammer, Streichhholz, Nagel..., Overheadprojektor

Die Schüler spielen in etwa 3 Gruppen gegeneinander.

Form 1:
Legen Sie einen Gegenstand auf die Glasfläche des Overheadprojektors. Schalten Sie das Gerät ein. Wer erkennt den Gegenstand? Der Schüler, der ihn zuerst nennt, erhält einen Pluspunkt für seine Gruppe.
Es gewinnt die Gruppe, die nach etwa 10–20 Durchgängen die meisten Punkte gesammelt hat.

Form 2:
Legen Sie einen Gegenstand auf die Glasfläche des Overheadprojektors. Decken Sie einen Bogen Papier darüber. Schalten Sie nun den Projektor ein und ziehen Sie ganz langsam das Papier weg. Diese Spielform verspricht noch mehr Spannung.

130

Von A–Z (2–4)

Vorbereitung

Jeder Schüler zeichnet auf ein Blockblatt 26 Punkte und beschriftet sie durcheinander mit den Buchstaben des Alphabets.

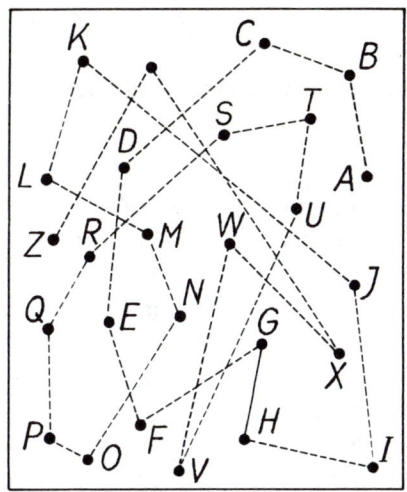

Spielverlauf

Auf ein Zeichen der Lehrerin hin tauschen die Schüler ihr Blatt mit dem des Nachbarn aus und beginnen sofort, die Buchstaben in der Reihenfolge des Alphabets zu verbinden.

Wer ist zuerst fertig? Die Schüler, die alle Buchstaben verbunden haben, stehen auf.

Variationen:
- Wir verbinden Kleinbuchstaben (a, b, c...)
- Wir verbinden Zahlen in der richtigen Reihenfolge (1, 2, 3...)

Erschwernis: Beim Verbinden darauf achten, daß sich die Linien nach Möglichkeit nicht schneiden! Nach Spielende werden die Blätter an den Gestalter zur Kontrolle zurückgegeben. Dieser zählt die Schnittpunkte. Es gewinnt, wer die wenigsten Schnittpunkte hat.

Achtung, geheim! (2–4)

Einstieg

Der Lehrer schreibt eine „Geheimbotschaft" an die Tafel. Die Schüler knobeln, kommen aber zu der Erkenntnis, daß die Botschaft ohne „Code" nicht zu entschlüsseln ist. Der Lehrer schreibt den Geheimcode an die Tafel. *Beispiel: (TA)*

126   7CH652B53   G5H52MB947CHAF453

Geheimcode: W I N T E R S P O R T
1 2 3 4 5 6 7 8 9 6 4

Erkenntnis: Jedem Buchstaben ist eine Zahl zugeordnet, wenn nicht, dann wird der Buchstabe selbst geschrieben.

Durchführung

1. Mit allen Schülern zusammen wird die Geheimbotschaft entschlüsselt, also 126 = WIR, 7CH652B53 = schreiben, G5H52MB947CHAF453 = Geheimbotschaften.
2. Der Lehrer schreibt eine weitere Geheimbotschaft an die Tafel. Sie stellt den Schülern eine Aufgabe, z. B. Setze dich auf den Tisch! Geheimcode wie vorher:
   754Z5 D2CH AUF D53 427CH
   Wer folgt der Aufforderung zuerst?
3. Schließlich darf jeder Schüler selbst einen eigenen Code erfinden und eine verschlüsselte Botschaft aufschreiben. Die Blätter werden untereinander ausgetauscht, selbstverständlich mit dem jeweiligen Code.

Nach dem Entschlüsseln werden die Lösungen dem Schüler zur Kontrolle übergeben, der die Botschaft aufgegeben hat.

Wer ist denn das? (3/4)

Die Lehrerin verbindet einem Kind die Augen und führt es an der Hand durch das Klassenzimmer. An der Tafel vorbei, um den Lehrertisch, von dort zum Fenster, schließlich an den Platz eines Mitschülers, dem sie die Hand des „Blinden" auf die Schulter legt.

Der „Blinde" muß raten, um welchen Mitschüler es sich handelt. Hat er ihn erkannt, darf er den nächsten „blinden" Mitspieler durch das Klassenzimmer führen.

Zeitungszauber (3/4)

Der Zeitungszaubertrick hat schon einige Generationen verblüfft. Trotzdem ist er auch heute noch so wirkungsvoll, daß kleine Zauberer ihre Freunde immer wieder gerne damit erstaunen.

Man nehme einen etwa 10 cm breiten und etwa 50 cm langen Streifen Zeitungspapier und klebe ihn vor den Augen der Zuschauer zu einem Ring zusammen. Wichtig ist, daß man den Streifen vor dem Zusammenkleben einmal in sich dreht!

Nun greift der Zauberer mit endlosen Zaubersprüchen zur Schere und schneidet den Ring der Länge nach durch. Was passiert? Statt daß, wie von allen Zuschauern erwartet, nun zwei Papierringe entstanden sind, hält der Zauberer einen doppelt so großen Zauberring in den Händen.

Um das Wunder noch zu vergrößern, nimmt der Zauberer abermals die Zauberschere und schneidet noch einmal der Länge nach den großen Ring auf. Wer glaubt, nun hielte der Zauberer einen noch größeren Ring in der Hand, der irrt! Aber ich verrate nichts. Selber ausprobieren!

Phantasie ist gefragt (3/4)

Jeder Gegenstand hat einen bestimmten Zweck. Ein Telefonbuch z. B. gibt Auskunft über die Anschlüsse der Fernsprechteilnehmer. Aber darüber hinaus dient es dem dreijährigen Hansi als Unterlage beim Sitzen. Es könnte auch Seite für Seite zum Entzünden des Kaminfeuers benützt werden.

Wer Phantasie hat, findet sicherlich noch mindestens einen weiteren Zweck, den die folgenden Gegenstände über ihre eigentliche Aufgabe hinaus erledigen könnten: Schuh, Nadel, Streichholz, Tasse, Mülltonne, Staubsauger, Buch, Stuhl, Bleistift, Decke, ein Blatt Papier, Pappkarton, Zahnbürste, Topf, Taschentuch, Feder, Blumentopf, Lockenwickler, Becher, Münze, Finger.

Die Schüler sollen sich zehn Gegenstände aussuchen, die sie zweckentfremden wollen. Sie schreiben auf den Block, z. B.:

Ein Staubsauger läßt sich zum Aufblasen von Luftballons benützen.

Ein Streichholz kann man als Zahnstocher benützen.

Aus einem Pappkarton kann man eine Höhle bauen; ein Stückchen Karton benützt man als Fächer...

Die Ergebnisse werden vorgelesen und die phantasievollsten Ideen an der Tafel festgehalten.

Arbeit im Dunkeln (4)

Alle Schüler dürfen sich zwei Minuten lang ganz bewußt im Klassenzimmer umschauen und sich möglichst viele Dinge einprägen. Dann verbindet die Lehrerin einem beliebigen Schüler die Augen und stellt ihm eine Aufgabe, z. B.:

Nimm ein Stück Kreide und lege es dem Flori auf den Tisch.

oder:

Hole das Alpenveilchen vom Fensterbrett und stelle den Blumentopf auf Martins Platz.

oder:

Hole aus deinem Schulranzen das Lesebuch heraus!

Sprechen Sie mit den Schülern über ihre Empfindungen während des Spiels!
Wie habe ich mich gefühlt? Was ist mir während des Spiels aufgefallen? Welche Tätigkeit war besonders schwer bzw. besonders leicht auszuführen?

Fassen Sie die Aussagen der Schüler zusammen! Weisen Sie auf die Schwierigkeiten in der Alltagsbewältigung blinder Personen hin!

Ggf. kann das Spiel auch als Wettspiel zweier Gruppen durchgeführt werden. Abwechselnd darf immer ein Schüler der Gruppe A und einer der Gruppe B eine Aufgabe lösen. Für jede richtige Ausführung erhält die jeweilige Gruppe einen Punkt.

Vertretungsstunden in der Vorweihnachtszeit

Warum widmen wir der Vorweihnachtszeit ein eigenes Kapitel „Vertretungsstunden"? Zum einen scheinen viele Kolleginnen und Kollegen gerade in dieser Zeit zu erkranken; zum anderen kann gerade im Dezember aus einer Vertretungsstunde ein Extra-Bonbon für die Schüler werden. Zahlreiche Bastel-, Quiz- und Spielaufgaben, zu denen normalerweise selten die Zeit reicht, geben dem Vertretungsunterricht eine besondere Note. Viele Gedanken zur Weihnachtszeit können aufgegriffen werden, für Gespräche und Diskussionen, um Lieder zu singen und Gedichte zu besprechen oder um einfach nur einer schönen Weihnachtsgeschichte zu lauschen.

Spurensuche im Schnee (1/2)

Im frisch gefallenen Schnee kann man eine spannende Spurensuche veranstalten.
Die Lehrerin erzählt den Kindern eine Geschichte, z. B.

> Heute Nacht wollte der Nikolaus zu euch in die Schule kommen – aber leider stand er vor verschlossenen Türen. Dafür hat er eine kleine Überraschung für euch alle draußen versteckt. Wir müssen das Versteck suchen.

Ein Schüler wurde zuvor hinausgeschickt. Die Lehrerin beschrieb ihm genau den Weg, den er über das Schulgelände zu gehen hat – hin zu einer bestimmten Stelle, z. B. zum Busch neben dem Eingang zum Schulgarten. Dort versteckte er einen „Brief vom Nikolaus", z. B.

Heute keine Hausaufgaben!
Nikolaus

Die Schüler ziehen ihre Anoraks und Mäntel an und begeben sich auf Fährtensuche. Aber Vorsicht! Alle Schüler müssen zusammenbleiben, damit die Spur vom Nikolaus nicht verwischt wird.

Wünsche raten (1–4)

Die Schüler sollen sich in ihre Mitschüler eindenken und erraten, welcher materielle oder immaterielle Wunsch von welchem Kind geäußert wurde.

Form 1:
Jeder Schüler schreibt seinen größten Weihnachtswunsch auf einen Zettel und gibt ihn zusammengefaltet ab.
Nun zieht ein Schüler einen beliebigen Zettel und liest den darauf geschriebenen Wunsch vor, z.B. Reitstiefel. Wer hat diesen Wunsch geäußert? Die Schüler raten. Wer den „Wünscher" errät, darf den nächsten Wunschzettel ziehen und vorlesen.

Form 2:
Vielleicht hat ein Schüler schon im Spiel 1 einen nicht materiellen Wunsch geäußert. Dann knüpfen wir hier an und überlegen gemeinsam, welche „inneren" Wünsche wir haben, z.B.

Ich wünsche mir, daß es weniger Streit in der Klasse (Familie) gibt.
Solches Wünschen und Raten kann sich anschließen. Sollte noch genügend Zeit vorhanden sein, können wir gemeinsam überlegen, wie wir den einen oder anderen Wunsch erfüllen können.

Schneesterne (1–4)

Material: je Schüler ein weißes, quadratisches Blatt Papier, Schere

Vorbereitung
Wie sich die Schüler aus einem weißen DIN-A4-Blatt ein Quadrat schneiden können, zeigt die Abbildung:

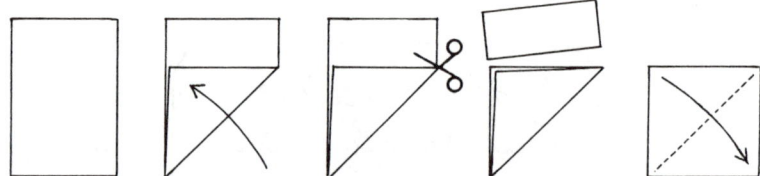

Arbeitsschritte
1. Das Quadrat wird einmal von einer Seitenkante zur gegenüberliegenden gefaltet.
2. Das so entstandene Doppelrechteck wird noch einmal in der Mitte gefaltet, so daß ein vierfaches Quadrat entsteht.

3. Dieses Quadrat wird nun von einer Ecke zur gegenüberliegenden Ecke gefaltet, so daß eine Tütenform entsteht.

4. Nun schneidet man in diese Tüte mit der Schere von den Seiten her verschiedene Kerben. Nach dem Auseinanderfalten erhält man ein *Spitzendeckchen* in quadratischer Form. Die Kinder merken nach einigen Versuchen: Je abwechslungsreicher die Einschnitte sind, desto zierlicher wird das Deckchen.

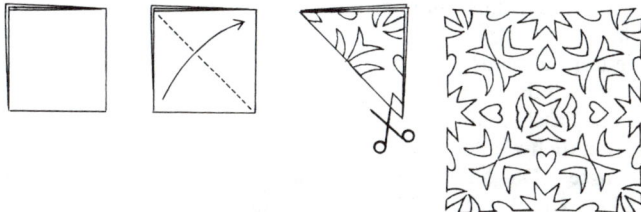

Soll der *Schneestern* eine runde Form bekommen, so schneidet man die offene Seite der Tüte rund.

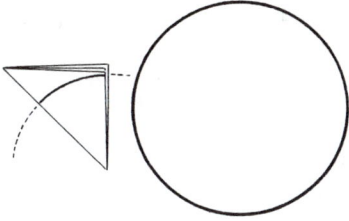

Wollen die Kinder auf diese Weise Sterne basteln, so wird die offene Seite der Tüte zu einer Spitze geschnitten.

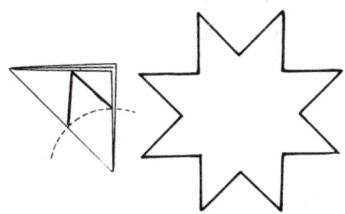

Eine *Blumenform* erhält man auf diese Weise:

Vorlesegeschichte

Die Geschichte vom beschenkten Nikolaus

Einmal kam der heilige Nikolaus am 6. Dezember zum kleinen Klaus. Er fragte ihn:
„Bist du im letzten Jahr auch brav gewesen?"
Klaus antwortete: „Ja, fast immer."
Der Nikolaus fragte: „Kannst du mir auch ein schönes Gedicht aufsagen?"
„Ja", sagte Klaus.
    „Lieber, guter Nikolaus,
    du bist jetzt bei mir zu Haus,
    bitte leer die Taschen aus,
    dann lass' ich dich wieder raus."
Der Nikolaus sagte: „Das hast du schön gemacht."
Er schenkte Klaus Äpfel, Nüsse, Mandarinen und Plätzchen.
„Danke", sagte Klaus.
„Auf Wiedersehen", sagte der Nikolaus. Er dreht sich um und wollte gehen.
„Halt", rief Klaus.
Der Nikolaus schaute sich erstaunt um: „Was ist?" fragte er.
Da sagte Klaus: „Und was ist mit dir? Warst du im letzten Jahr auch brav?"
„So ziemlich", antwortete der Nikolaus.
Da fragte Klaus: „Kannst du mir auch ein schönes Gedicht aufsagen?"
„Ja", sagte der Nikolaus.
    „Liebes, gutes, braves Kind,
    draußen geht ein kalter Wind,
    koch mir einen Tee geschwind,
    daß ich gut nach Hause find'."
„Wird gemacht", sagte Klaus.
Er kochte dem Nikolaus einen heißen Tee.
Der Nikolaus schlürfte ihn und aß dazu Plätzchen. Da wurde ihm schön warm. Als er fertig war, stand er auf und ging zur Türe.
„Danke für den Tee", sagte er freundlich.
„Bitte, gerne geschehen", sagte Klaus. „Und komm auch nächstes Jahr vorbei, dann beschenken wir uns wieder."
„Natürlich, kleiner Nikolaus", sagte der große Nikolaus und ging hinaus in die kalte Nacht.

(Alfons Schweiggert)

(aus: Leselöwen Weihnachtsbuch. Bindlach 1987)

Das große Weihnachtsquiz (2–4)

Spielregeln

1. Die Schüler werden in drei Gruppen geteilt. Jede Gruppe spielt gegen die beiden anderen.
2. Der Spielleiter stellt allen Schülern eine Frage. Derjenige, der zuerst die richtige Lösung nennt, erhält für seine Gruppe einen Punkt.
3. Zusatzregel für sehr unruhige Klassen: Ruft ein Spieler eine falsche Antwort, wird seine Gruppe für diese Frage ausgeschlossen.

Quizfragen

1. Wer hat am Hl. Abend Geburtstag? (Christus)
2. Was war Josef von Beruf? (Zimmermann)
3. Mit welchem Transportmittel reisten Maria und Josef? (Esel)
4. Wo wohnten Maria und Josef? (Nazareth)
5. In welchem Ort wurde das Christuskind geboren? (Bethlehem)
6. Wie lautet das Geburtsdatum des Christkindes? (24.12.0)
7. Warum zogen Maria und Josef nach Bethlehem? (Volkszählung)
8. Wer hatte die Volkszählung angeordnet? (Kaiser Augustus)
9. Welche Menschen besuchten das Christkind zuerst? (die Hirten)
10. Wie hießen die Hl. Drei Könige? (Kaspar, Melchior, Balthasar)
11. Wie fanden sie ihren Weg? (Stern)
12. Welche Geschenke brachten sie dem Christkind? (Gold, Weihrauch, Myrrhe)
13. Nennt eine weihnachtliche Pflanze! (Christstern)
14. Nennt ein weihnachtliches Gebäck! (Spekulatius)
15. Nennt ein Weihnachtslied, in dem Engel vorkommen! (Vom Himmel hoch...)
16. Nennt ein Weihnachtslied, in dem der Weihnachtsbaum vorkommt! (Am Weihnachtsbaum die Lichter...)
17. An welchem Tag spätestens ist der 4. Advent? (24.12.)
18. Seit wann gibt es Adventskalender? (seit 1908)
19. Wo findet jedes Jahr der berühmteste Christkindlmarkt statt? (Nürnberg)
20. Bis zu welchem Tag steht meist der geschmückte Christbaum im Zimmer? (6. Januar)
21. An welchem Tag ist Barbaratag? (4. Dezember)
22. Was bedeutet „Advent"? (Ankunft)
23. Was waren Kaspar, Melchior und Balthasar von Beruf? (Könige und Sterndeuter)
24. Welcher besondere Tag ist am 6. Dezember? (Nikolaus)
25. Was schreiben die Sternsinger über die Türen der Menschen, denen sie am 6. Januar ihren Besuch abstatten? (19 + C + M + B + 90)
26. Wie viele Kerzen stehen auf dem Adventskranz? (vier)

Gedicht zum Vorlesen (2–4)

Die Weihnachtsmaus

Die Weihnachtsmaus ist sonderbar
(sogar für die Gelehrten),
Denn einmal nur im ganzen Jahr
Entdeckt man ihre Fährten.

Mit Fallen oder Rattengift
Kann man die Maus nicht fangen.
Sie ist, was diesen Punkt betrifft,
Noch nie ins Garn gegangen.

Das ganze Jahr macht diese Maus
Den Menschen keine Plage.
Doch plötzlich aus dem Loch heraus
Kriecht sie am Weihnachtstage.

Zum Beispiel war vom Festgebäck,
Das Mutter gut verborgen,
Mit einemmal das Beste weg
Am ersten Weihnachtsmorgen.

Da sagte jeder rundheraus:
„Ich hab' es nicht genommen!
Es war bestimmt die Weihnachtsmaus,
Die über Nacht gekommen."

Ein andres Mal verschwand sogar
Das Marzipan von Peter,
Was seltsam und erstaunlich war,
Denn niemand fand es später.

Der Christian rief rundheraus:
„Ich hab' es nicht genommen!
Es war bestimmt die Weihnachtsmaus,
Die über Nacht gekommen!"

Ein drittes Mal verschwand vom Baum,
An dem die Kugeln hingen,
Ein Weihnachtsmann aus Eierschaum
Nebst andren leckren Dingen.

Die Nelly sagte rundheraus:
„Ich habe nichts genommen!
Es war bestimmt die Weihnachtsmaus,
Die über Nacht gekommen!"

Und Ernst und Hans und der Papa,
Die riefen: „Welche Plage!
Die böse Maus ist wieder da,
Und just am Feiertage!"

Nur Mutter sprach kein Klagewort.
Sie sagte unumwunden:
„Sind erst die Süßigkeiten fort,
Ist auch die Maus verschwunden!"

Und wirklich wahr: die Maus blieb weg,
Sobald der Baum geleert war,
Sobald das letzte Festgebäck
Gegessen und verzehrt war.

Sagt jemand nun, bei ihm zu Haus –
Bei Fränzchen oder Lieschen –
Da gäb' es keine Weihnachtsmaus,
Dann zweifle ich ein bißchen!

Doch sag' ich nichts, was jemand kränkt!
Das könnte euch so passen!
Was man von Weihnachtsmäusen denkt,
Bleibt jedem überlassen!

(James Krüss)

Selbstgebastelte Weihnachtskarten (3/4)

Material: je Schüler ¼ eines schwarzen DIN-A4-Blatts (durch den Kopierer laufen lassen und den Deckel offen halten), ein weißes DIN-A4-Blatt, gespitzter Bleistift

Einstieg
Gespräch über Sinn und Unsinn des weihnachtlichen Kartenschreibens.
Impuls: Herstellen einer Weihnachtskarte

Arbeitsschritte

1. Jeder Schüler zeichnet mit hellem Farbstift ein einfaches, weihnachtliches Motiv auf die Rückseite des schwarzen Papiers. Es könnte sein: eine Kerze, ein Tannenbaum, ein Stern...
2. Das Motiv wird in gleichmäßigen Abständen mit spitzem Bleistift von der Rückseite her eingestochen. Weiche Unterlage verwenden!
3. Das Bild wird umgedreht, alle Durchstiche werden nochmals von der Vorderseite her ausgeführt und damit erweitert.
4. Das weiße Blatt wird einmal zur DIN-A5-Größe gefaltet.
5. Das aus Durchstichen entstandene Bild wird auf die Vorderseite geklebt.
6. Besprechung der Ergebnisse
7. ...und was schreibt man auf die Innenseite? Wir überlegen uns verschiedene kurze Texte.

Kaufhaus Klimperpfennig (3/4)

Einstieg

Das Kaufhaus Klimperpfennig hat Sorgen. Immer noch ist das Weihnachtsgeschäft zu gering. Alle Werbefachleute werden zusammengeholt, um einen neuen Weihnachtsartikel anzubieten.

Verlauf

Nach einer kurzen Einführung durch den Lehrer wird die Klasse in Gruppen zu etwa 6 Schülern geteilt. Jede Gruppe denkt gemeinsam nach, welchen „Weihnachtsknüller" sie auf den Markt bringen möchte. *Beispiele:*
- nach Tannengrün duftende Filterzigaretten
- Spezial-Weihnachtsschuhe zum Betreten des Weihnachtszimmers
- den zusammenklappbaren „Weihnachtswolf" zum Zerhacken des Geschenkpapiers und der Kartons
- Luftballons in Sternform als Baumbehang
- das Weihnachtsauto in Tannengrün...

Die Gruppen dürfen ca. 5 Minuten Argumente für ihr neues Produkt sammeln. Der Gruppenschreiber notiert Stichpunkte auf den Block.

Nach dieser Zeit stellt jede Gruppe ihr Produkt den Mitschülern vor und untermauert die Wichtigkeit ihrer Erfindung mit den entsprechenden Gründen, die Käufer anlocken.

Wertung im Klassenverband

- Welches Produkt würde wohl am ehesten eine Käuferschicht finden?
- Welche Gruppe hatte die besten Verkaufsargumente?
- Welchen Gegenstand würdest du am ehesten kaufen und warum?

- Welche unsinnigen Weihnachtsprodukte sind schon auf dem Markt? (Zahnbürste, die während des Putzens „Stille Nacht" spielt...)

Die von den Schülern gefundenen Beispiele für neue Weihnachtsartikel wollen hintergründig dazu veranlassen, über den Unsinn des vorweihnachtlichen Kaufrausches nachzudenken. Ist alles zum Leben notwendig, was geschenkt wird? Könnte das aufgewendete Geld nicht besser verwendet werden? In vielen Ländern ist für Kinder eine Handvoll Reis wichtiger als ein Spielzeug.

Das Buch der guten Taten (3/4)

Wenn der Nikolaus kommt, liest er meist aus einem großen, dicken Buch alles Gute (manchmal auch das Schlechte) vor, was er sich das Jahr über notiert hat. Wir schreiben auch ein Buch über die guten Taten unserer Mitschüler:

Vorbereitung
Jeder Schüler schreibt auf ein Blockblatt seinen Namen und unterstreicht ihn mit rotem Stift.

Verlauf
Das Blatt wird an den Nachbarn weitergegeben. Dieser soll jetzt irgendetwas Gutes über diesen Schüler aufschreiben. Ein freundliches Verhalten, eine empfangene Hilfe...

Die Blätter werden fortlaufend weitergereicht, so daß jeder für jeden Mitschüler etwas Gutes aufschreiben kann, z.B.

> Der Flori leiht mir oft seine Filzstifte. − Mir hat er den Schulranzen zum Bus nachgetragen, als ich ihn vergessen hatte. − Der Flori hat mich zu seinem Geburtstagsfest eingeladen. − Er hat mir in der Pause seinen Kakao geschenkt...

Sind alle Blätter bearbeitet, werden sie wieder an die Besitzer zurückgereicht. Jedes Kind liest seine „guten Taten".

Gemeinsames Gespräch über diese Aktion. Worüber habe ich mich am meisten gefreut?

Abschluß
Wenn möglich, werden alle Blätter in einem Schnellhefter gesammelt und dem (kranken) Klassenlehrer geschickt, damit er gelegentlich erfährt, was er für gute Kinder in seiner Klasse hat.

Ich schenk' dir was (3/4)

Vorbereitung

Jeder Schüler schreibt seinen Namen auf einen Zettel.

Einstieg

Gespräch über den Geschenkerausch in der Weihnachtszeit. Die Schüler sollen sich Gedanken über das Schenken machen und auch immaterielle Geschenke für Mitschüler überlegen.

Gedicht: **Schenken**

Schenke groß oder klein,
Aber immer gediegen.
Wenn die Bedachten
Die Gaben wiegen,
Sei dein Gewissen rein.

Schenke herzlich und frei.
Schenke dabei
was in dir wohnt
An Meinung, Geschmack und Humor,
So daß die eigene Freude zuvor
Dich reichlich belohnt.

Schenke mit Geist ohne List.
Sei eingedenk,
Daß dein Geschenk
Du selber bist.

(aus: Joachim Ringelnatz, Und auf einmal steht es neben dir. Gesammelte Gedichte. Karl Hensel Verlag, Berlin 1950)

Erarbeitung

1. Wir überlegen uns vorweihnachtliche Geschenke für unsere Mitschüler, Geschenke, die kein Geld kosten und über die sich trotzdem jeder freut.
   Sammlung, z. B.
   - bei den Hausaufgaben helfen
   - die supertollen neuen Filzstifte ausleihen
   - ein Bild malen
   - von der Schule nach Hause begleiten
   - am Nachmittag zum Spielen einladen...
2. Die eingesammelten Namenzettel werden gemischt. Jedes Kind zieht einen davon und überlegt sich, wie es diesen Mitschüler beschenken könnte.
   Aber noch nichts verraten! Jedes „Geschenk" wird auf ein Blockblatt geschrieben. Ggf. kann noch etwas dazugezeichnet werden.
3. Die Schüler beschenken sich.

Vertiefung

Gespräch über das Schenken und Beschenktwerden. Welchen Familienmitgliedern könnte man solche „Gutscheine" schenken?

Collage: Weihnachten (3/4)

Material: Zeitungen, Illustrierte, Postwurfsendungen von November/Dezember, Klebstoff; je Gruppe ein Bogen Packpapier oder ein DIN-A3-Zeichenblatt, Scheren

Die Schüler arbeiten in Gruppen zusammen. Jede erhält einen Bogen Packpapier und soll nun aus den Zeitungen alles herausschneiden, was mit Weihnachten zu tun hat, z. B.:
- Artikel über Wohltätigkeitsveranstaltungen
- Berichte über Basare,
- Werbeanzeigen...

Die Zeitungsausschnitte werden auf die Bogen geklebt. Wenn die Schüler Lust dazu haben, können sie die Ausschnitte auch in einer weihnachtlichen Symbolform, z. B. einer Kerze, einem Tannenbaum... anordnen.
Die Gruppencollagen werden im Klassenzimmer aufgehängt, von den Herstellern kommentiert und im Klassengespräch beurteilt.

Wir basteln eine Adventsschnur (3/4)

Material: ca. 2 m Geschenkband oder Schnur; jeder Schüler ein Blockblatt und einen Stift; 22 Streichholzschachteln oder 24 selbstgefaltete Mini-Briefumschläge; Klebstoff

Nachdem in der Vorweihnachtszeit so viel vom Wünschen die Rede ist, nehmen wir diesen Gedanken auf. Wir versuchen aber im gemeinsamen Gespräch vom Wünschen materieller Dinge wegzukommen, hin zu Wünschen sozialer Art (in der Klasse) bzw. zu solchen, die das Leben selbst betreffen. Dabei achten wir stets darauf, keine globalen Wünsche zu äußern wie z. B. „Ich wünsche mir, daß es keinen Streit mehr gibt", sondern daß jeder Schüler einen für sich bzw. die Klassengemeinschaft erreichbaren Wunsch äußert, z. B. „Ich wünsche mir, daß heute in der Pause keiner von uns Streit anfängt." Hat jeder Schüler einen Wunsch geäußert, wird dieser in „Sonntagsschrift" auf einen Zettel geschrieben und in hübsch beklebte Streichholzschachteln oder selbstgeklebte Briefumschläge gesteckt. Auf jeden verpackten Wunsch schreiben wir eine Zahl von 1–22 (je nach Datum des Ferienbeginns!). Die Wunschbrieflein werden mit einem Tropfen Klebstoff an die Adventsschnur geheftet, diese wird im Klassenzimmer aufgehängt.
Informieren Sie den Klassenlehrer von dieser Aktion und bitten Sie ihn, die Ergebnisse der Wunschaktion täglich mit den Schülern zu besprechen.